ALBANISCH
WORTSCHATZ

FÜR DAS SELBSTSTUDIUM

DEUTSCH
ALBANISCH

Die nützlichsten Wörter
Zur Erweiterung Ihres Wortschatzes und
Verbesserung der Sprachfertigkeit

5000 Wörter

Wortschatz Deutsch-Albanisch für das Selbststudium - 5000 Wörter
Von Andrey Taranov

T&P Books Vokabelbücher sind dafür vorgesehen, beim Lernen einer Fremdsprache zu helfen, Wörter zu memorieren und zu wiederholen. Das Wörterbuch ist nach Themen aufgeteilt und deckt alle wichtigen Bereiche des täglichen Lebens, Berufs, Wissenschaft, Kultur etc. ab.

Durch das Benutzen der themenbezogenen T&P Books ergeben sich folgende Vorteile für den Lernprozess:

- Sachgemäß geordnete Informationen bestimmen den späteren Erfolg auf den darauffolgenden Stufen der Memorisierung
- Die Verfügbarkeit von Wörtern, die sich aus der gleichen Wurzel ableiten lassen, erlaubt die Memorisierung von Worteinheiten (mehr als bei einzeln stehenden Wörtern)
- Kleine Worteinheiten unterstützen den Aufbauprozess von assoziativen Verbindungen für die Festigung des Wortschatzes
- Die Kenntnis der Sprache kann aufgrund der Anzahl der gelernten Wörter eingeschätzt werden

Copyright © 2018 T&P Books Publishing

Alle Rechte vorbehalten. Auszüge dieses Buches dürfen nicht ohne schriftliche Erlaubnis des Herausgebers abgedruckt oder mit anderen elektronischen oder mechanischen Mitteln, einschließlich Photokopierung, Aufzeichnung oder durch Informationsspeicherung- und Rückgewinnungssysteme, oder in irgendeiner anderen Form verwendet werden.

T&P Books Publishing
www.tpbooks.com

ISBN: 978-1-78767-041-9

Dieses Buch ist auch im E-Book Format erhältlich.
Besuchen Sie uns auch auf www.tpbooks.com oder auf einer der bedeutenden Buchhandlungen online.

WORTSCHATZ DEUTSCH-ALBANISCH
für das Selbststudium

Die Vokabelbücher von T&P Books sind dafür vorgesehen, Ihnen beim Lernen einer Fremdsprache zu helfen, Wörter zu memorieren und zu wiederholen. Der Wortschatz enthält über 5000 häufig gebrauchte, thematisch geordnete Wörter.

- Der Wortschatz enthält die am häufigsten benutzten Wörter
- Eignet sich als Ergänzung zu jedem Sprachkurs
- Erfüllt die Bedürfnisse von Anfängern und fortgeschrittenen Lernenden von Fremdsprachen
- Praktisch für den täglichen Gebrauch, zur Wiederholung und um sich selbst zu testen
- Ermöglicht es, Ihren Wortschatz einzuschätzen

Besondere Merkmale des Wortschatzes:

- Wörter sind entsprechend ihrer Bedeutung und nicht alphabetisch organisiert
- Wörter werden in drei Spalten präsentiert, um das Wiederholen und den Selbstüberprüfungsprozess zu erleichtern
- Wortgruppen werden in kleinere Einheiten aufgespalten, um den Lernprozess zu fördern
- Der Wortschatz bietet eine praktische und einfache Lautschrift jedes Wortes der Fremdsprache

Der Wortschatz hat 155 Themen, einschließlich:

Grundbegriffe, Zahlen, Farben, Monate, Jahreszeiten, Maßeinheiten, Kleidung und Accessoires, Essen und Ernährung, Restaurant, Familienangehörige, Verwandte, Charaktereigenschaften, Empfindungen, Gefühle, Krankheiten, Großstadt, Kleinstadt, Sehenswürdigkeiten, Einkaufen, Geld, Haus, Zuhause, Büro, Import & Export, Marketing, Arbeitssuche, Sport, Ausbildung, Computer, Internet, Werkzeug, Natur, Länder, Nationalitäten und vieles mehr...

INHALT

Leitfaden für die Aussprache	9
Abkürzungen	10

GRUNDBEGRIFFE	11
Grundbegriffe. Teil 1	11
1. Pronomen	11
2. Grüße. Begrüßungen. Verabschiedungen	11
3. Jemanden ansprechen	12
4. Grundzahlen. Teil 1	12
5. Grundzahlen. Teil 2	13
6. Ordnungszahlen	14
7. Zahlen. Brüche	14
8. Zahlen. Grundrechenarten	14
9. Zahlen. Verschiedenes	14
10. Die wichtigsten Verben. Teil 1	15
11. Die wichtigsten Verben. Teil 2	16
12. Die wichtigsten Verben. Teil 3	17
13. Die wichtigsten Verben. Teil 4	18
14. Farben	19
15. Fragen	19
16. Präpositionen	20
17. Funktionswörter. Adverbien. Teil 1	20
18. Funktionswörter. Adverbien. Teil 2	22

Grundbegriffe. Teil 2	24
19. Wochentage	24
20. Stunden. Tag und Nacht	24
21. Monate. Jahreszeiten	25
22. Maßeinheiten	27
23. Behälter	27

DER MENSCH	29
Der Mensch. Körper	29
24. Kopf	29
25. Menschlicher Körper	30

Kleidung & Accessoires	31
26. Oberbekleidung. Mäntel	31
27. Men's & women's clothing	31

28. Kleidung. Unterwäsche 32
29. Kopfbekleidung 32
30. Schuhwerk 32
31. Persönliche Accessoires 33
32. Kleidung. Verschiedenes 33
33. Kosmetikartikel. Kosmetik 34
34. Armbanduhren Uhren 35

Essen. Ernährung 36

35. Essen 36
36. Getränke 37
37. Gemüse 38
38. Obst. Nüsse 39
39. Brot. Süßigkeiten 40
40. Gerichte 40
41. Gewürze 41
42. Mahlzeiten 42
43. Gedeck 43
44. Restaurant 43

Familie, Verwandte und Freunde 44

45. Persönliche Informationen. Formulare 44
46. Familienmitglieder. Verwandte 44

Medizin 46

47. Krankheiten 46
48. Symptome. Behandlungen. Teil 1 47
49. Symptome. Behandlungen. Teil 2 48
50. Symptome. Behandlungen. Teil 3 49
51. Ärzte 50
52. Medizin. Medikamente. Accessoires 50

LEBENSRAUM DES MENSCHEN 52
Stadt 52

53. Stadt. Leben in der Stadt 52
54. Innerstädtische Einrichtungen 53
55. Schilder 54
56. Innerstädtischer Transport 55
57. Sehenswürdigkeiten 56
58. Shopping 57
59. Geld 58
60. Post. Postdienst 59

Wohnung. Haus. Zuhause 60

61. Haus. Elektrizität 60

62. Villa. Schloss	60
63. Wohnung	60
64. Möbel. Innenausstattung	61
65. Bettwäsche	62
66. Küche	62
67. Bad	63
68. Haushaltsgeräte	64

AKTIVITÄTEN DES MENSCHEN	**65**
Beruf. Geschäft. Teil 1	**65**
69. Büro. Arbeiten im Büro	65
70. Geschäftsabläufe. Teil 1	66
71. Geschäftsabläufe. Teil 2	67
72. Fertigung. Arbeiten	68
73. Vertrag. Zustimmung	69
74. Import & Export	70
75. Finanzen	70
76. Marketing	71
77. Werbung	72
78. Bankgeschäft	72
79. Telefon. Telefongespräche	73
80. Mobiltelefon	74
81. Bürobedarf	74
82. Geschäftsarten	74

Arbeit. Geschäft. Teil 2	**77**
83. Show. Ausstellung	77
84. Wissenschaft. Forschung. Wissenschaftler	78

Berufe und Tätigkeiten	**80**
85. Arbeitsuche. Kündigung	80
86. Geschäftsleute	80
87. Dienstleistungsberufe	81
88. Militärdienst und Ränge	82
89. Beamte. Priester	83
90. Landwirtschaftliche Berufe	83
91. Künstler	84
92. Verschiedene Berufe	84
93. Beschäftigung. Sozialstatus	86

Ausbildung	**87**
94. Schule	87
95. Hochschule. Universität	88
96. Naturwissenschaften. Fächer	89
97. Schrift Rechtschreibung	89
98. Fremdsprachen	90

Erholung. Unterhaltung. Reisen 92

99. Ausflug. Reisen 92
100. Hotel 92

TECHNISCHES ZUBEHÖR. TRANSPORT 94
Technisches Zubehör 94

101. Computer 94
102. Internet. E-Mail 95
103. Elektrizität 96
104. Werkzeug 96

Transport 99

105. Flugzeug 99
106. Zug 100
107. Schiff 101
108. Flughafen 102

Lebensereignisse 104

109. Feiertage. Ereignis 104
110. Bestattungen. Begräbnis 105
111. Krieg. Soldaten 105
112. Krieg. Militärische Aktionen. Teil 1 106
113. Krieg. Militärische Aktionen. Teil 2 108
114. Waffen 109
115. Menschen der Antike 111
116. Mittelalter 111
117. Führungspersonen. Chef. Behörden 113
118. Gesetzesverstoß Verbrecher. Teil 1 114
119. Gesetzesbruch. Verbrecher. Teil 2 115
120. Polizei Recht. Teil 1 116
121. Polizei. Recht. Teil 2 117

NATUR 119
Die Erde. Teil 1 119

122. Weltall 119
123. Die Erde 120
124. Himmelsrichtungen 121
125. Meer. Ozean 121
126. Namen der Meere und Ozeane 122
127. Berge 123
128. Namen der Berge 124
129. Flüsse 124
130. Namen der Flüsse 125
131. Wald 125
132. natürliche Lebensgrundlagen 126

Die Erde. Teil 2 128

133. Wetter 128
134. Unwetter Naturkatastrophen 129

Fauna 130

135. Säugetiere. Raubtiere 130
136. Tiere in freier Wildbahn 130
137. Haustiere 131
138. Vögel 132
139. Fische. Meerestiere 134
140. Amphibien Reptilien 134
141. Insekten 135

Flora 136

142. Bäume 136
143. Büsche 136
144. Obst. Beeren 137
145. Blumen. Pflanzen 138
146. Getreide, Körner 139

LÄNDER. NATIONALITÄTEN 140

147. Westeuropa 140
148. Mittel- und Osteuropa 140
149. Frühere UdSSR Republiken 141
150. Asien 141
151. Nordamerika 142
152. Mittel- und Südamerika 142
153. Afrika 143
154. Australien. Ozeanien 143
155. Städte 143

LEITFADEN FÜR DIE AUSSPRACHE

T&P phonetisches Alphabet	Albanisch Beispiel	Deutsch Beispiel
[a]	flas [flas]	schwarz
[e], [ɛ]	melodi [mɛlodí]	hängen
[ə]	kërkoj [kərkój]	halte
[i]	pikë [píkə]	ihr, finden
[o]	motor [motór]	orange
[u]	fuqi [fucí]	kurz
[y]	myshk [myʃk]	über, dünn
[b]	brakë [brákə]	Brille
[c]	oqean [ocɛán]	Chile
[d]	adoptoj [adoptój]	Detektiv
[dz]	lexoj [lɛdzój]	Nordsee
[dʒ]	xham [dʒam]	Kambodscha
[ð]	dhomë [ðómə]	Motherboard
[f]	i fortë [i fórtə]	fünf
[g]	bullgari [buɫgarí]	gelb
[h]	jaht [jáht]	brauchbar
[j]	hyrje [hýrjɛ]	Jacke
[ɟ]	zgjedh [zɟɛð]	Studium
[k]	korik [korík]	Kalender
[l]	lëviz [ləvíz]	Juli
[ɫ]	shkallë [ʃkáɫə]	lampe
[m]	medalje [mɛdáljɛ]	Mitte
[n]	klan [klan]	nicht
[ɲ]	spanjoll [spaɲóɫ]	Champagner
[ŋ]	trung [truŋ]	lang
[p]	polici [politsí]	Polizei
[r]	i erët [i érət]	richtig
[ɾ]	groshë [gɾóʃə]	Spanisch - pero
[s]	spital [spitál]	sein
[ʃ]	shes [ʃɛs]	Chance
[t]	tapet [tapét]	still
[ts]	batica [batítsa]	Gesetz
[tʃ]	kaçube [katʃúbɛ]	Matsch
[v]	javor [javór]	November
[z]	horizont [horizónt]	sein
[ʒ]	kuzhinë [kuʒínə]	Regisseur
[θ]	përkthej [pərkθéj]	stimmloser th-Laut

ABKÜRZUNGEN
die im Vokabular verwendet werden

Deutsch. Abkürzungen

Adj	-	Adjektiv
Adv	-	Adverb
Amtsspr.	-	Amtssprache
f	-	Femininum
f, n	-	Femininum, Neutrum
Fem.	-	Femininum
m	-	Maskulinum
m, f	-	Maskulinum, Femininum
m, n	-	Maskulinum, Neutrum
Mask.	-	Maskulinum
n	-	Neutrum
pl	-	Plural
Sg.	-	Singular
ugs.	-	umgangssprachlich
unzähl.	-	unzählbar
usw.	-	und so weiter
v mod	-	Modalverb
vi	-	intransitives Verb
vi, vt	-	intransitives, transitives Verb
vt	-	transitives Verb
zähl.	-	zählbar
z.B.	-	zum Beispiel

Albanisch. Abkürzungen

f	-	Femininum
m	-	Maskulinum
pl	-	Plural

GRUNDBEGRIFFE

Grundbegriffe. Teil 1

1. Pronomen

ich	Unë, mua	[unə], [múa]
du	ti, ty	[ti], [ty]
er	ai	[aí]
sie	ajo	[ajó]
es	ai	[aí]
wir	ne	[nɛ]
ihr	ju	[ju]
sie (Mask.)	ata	[atá]
sie (Fem.)	ato	[ató]

2. Grüße. Begrüßungen. Verabschiedungen

Hallo! (ugs.)	Përshëndetje!	[pərʃəndétjɛ!]
Hallo! (Amtsspr.)	Përshëndetje!	[pərʃəndétjɛ!]
Guten Morgen!	Mirëmëngjes!	[mirəmənɟés!]
Guten Tag!	Mirëdita!	[mirədíta!]
Guten Abend!	Mirëmbrëma!	[mirəmbréma!]
grüßen (vi, vt)	përshëndes	[pərʃəndés]
Hallo! (ugs.)	Ç'kemi!	[tʃ'kémi!]
Gruß (m)	përshëndetje (f)	[pərʃəndétjɛ]
begrüßen (vt)	përshëndes	[pərʃəndés]
Wie geht es Ihnen?	Si jeni?	[si jéni?]
Wie geht's dir?	Si je?	[si jɛ?]
Was gibt es Neues?	Çfarë ka të re?	[tʃfárə ká tə ré?]
Auf Wiedersehen!	Mirupafshim!	[mirupáfʃim!]
Wiedersehen! Tschüs!	U pafshim!	[u páfʃim!]
Bis bald!	Shihemi së shpejti!	[ʃíhɛmi sə ʃpéjti!]
Lebe wohl! Leben Sie wohl!	Lamtumirë!	[lamtumírə!]
sich verabschieden	përshëndetem	[pərʃəndétɛm]
Tschüs!	Tungjatjeta!	[tunɟatjéta!]
Danke!	Faleminderit!	[falɛmindérit!]
Dankeschön!	Faleminderit shumë!	[falɛmindérit ʃúmə!]
Bitte (Antwort)	Të lutem	[tə lútɛm]
Keine Ursache.	Asgjë!	[asɟé!]
Nichts zu danken.	Asgjë	[asɟé]

Deutsch	Albanisch	Aussprache
Entschuldige!	Më fal!	[mə fal!]
Entschuldigung!	Më falni!	[mə fálni!]
entschuldigen (vt)	fal	[fal]
sich entschuldigen	kërkoj falje	[kərkój fáljɛ]
Verzeihung!	Kërkoj ndjesë	[kərkój ndjésə]
Es tut mir leid!	Më vjen keq!	[mə vjɛn kɛc!]
verzeihen (vt)	fal	[fal]
Das macht nichts!	S'ka gjë!	[s'ka ɟə!]
bitte (Die Rechnung, ~!)	të lutem	[tə lútɛm]
Nicht vergessen!	Mos harro!	[mos haró!]
Natürlich!	Sigurisht!	[sigurí∫t!]
Natürlich nicht!	Sigurisht që jo!	[sigurí∫t cə jo!]
Gut! Okay!	Në rregull!	[nə réguɫ!]
Es ist genug!	Mjafton!	[mjaftón!]

3. Jemanden ansprechen

Entschuldigen Sie!	Më falni, …	[mə fálni, …]
Herr	zotëri	[zotərí]
Frau	zonjë	[zóɲə]
Frau (Fräulein)	zonjushë	[zoɲú∫ə]
Junger Mann	djalë i ri	[djálə i rí]
Junge	djalosh	[djalóʃ]
Mädchen	vajzë	[vájzə]

4. Grundzahlen. Teil 1

null	zero	[zéro]
eins	një	[ɲə]
zwei	dy	[dy]
drei	tre	[trɛ]
vier	katër	[kátər]
fünf	pesë	[pésə]
sechs	gjashtë	[ɟá∫tə]
sieben	shtatë	[∫tátə]
acht	tetë	[tétə]
neun	nëntë	[nəntə]
zehn	dhjetë	[ðjétə]
elf	njëmbëdhjetë	[ɲəmbəðjétə]
zwölf	dymbëdhjetë	[dymbəðjétə]
dreizehn	trembëdhjetë	[trɛmbəðjétə]
vierzehn	katërmbëdhjetë	[katərmbəðjétə]
fünfzehn	pesëmbëdhjetë	[pɛsəmbəðjétə]
sechzehn	gjashtëmbëdhjetë	[ɟa∫təmbəðjétə]
siebzehn	shtatëmbëdhjetë	[∫tatəmbəðjétə]
achtzehn	tetëmbëdhjetë	[tɛtəmbəðjétə]
neunzehn	nëntëmbëdhjetë	[nəntəmbəðjétə]

zwanzig	njëzet	[ɲəzét]
einundzwanzig	njëzet e një	[ɲəzét ɛ ɲə]
zweiundzwanzig	njëzet e dy	[ɲəzét ɛ dy]
dreiundzwanzig	njëzet e tre	[ɲəzét ɛ trɛ]

dreißig	tridhjetë	[triðjétə]
einunddreißig	tridhjetë e një	[triðjétə ɛ ɲə]
zweiunddreißig	tridhjetë e dy	[triðjétə ɛ dy]
dreiunddreißig	tridhjetë e tre	[triðjétə ɛ trɛ]

vierzig	dyzet	[dyzét]
einundvierzig	dyzet e një	[dyzét ɛ ɲə]
zweiundvierzig	dyzet e dy	[dyzét ɛ dy]
dreiundvierzig	dyzet e tre	[dyzét ɛ trɛ]

fünfzig	pesëdhjetë	[pɛsəðjétə]
einundfünfzig	pesëdhjetë e një	[pɛsəðjétə ɛ ɲə]
zweiundfünfzig	pesëdhjetë e dy	[pɛsəðjétə ɛ dy]
dreiundfünfzig	pesëdhjetë e tre	[pɛsəðjétə ɛ trɛ]

sechzig	gjashtëdhjetë	[ɟaʃtəðjétə]
einundsechzig	gjashtëdhjetë e një	[ɟaʃtəðjétə ɛ ɲə]
zweiundsechzig	gjashtëdhjetë e dy	[ɟaʃtəðjétə ɛ dý]
dreiundsechzig	gjashtëdhjetë e tre	[ɟaʃtəðjétə ɛ tré]

siebzig	shtatëdhjetë	[ʃtatəðjétə]
einundsiebzig	shtatëdhjetë e një	[ʃtatəðjétə ɛ ɲə]
zweiundsiebzig	shtatëdhjetë e dy	[ʃtatəðjétə ɛ dy]
dreiundsiebzig	shtatëdhjetë e tre	[ʃtatəðjétə ɛ trɛ]

achtzig	tetëdhjetë	[tɛtəðjétə]
einundachtzig	tetëdhjetë e një	[tɛtəðjétə ɛ ɲə]
zweiundachtzig	tetëdhjetë e dy	[tɛtəðjétə ɛ dy]
dreiundachtzig	tetëdhjetë e tre	[tɛtəðjétə ɛ trɛ]

neunzig	nëntëdhjetë	[nəntəðjétə]
einundneunzig	nëntëdhjetë e një	[nəntəðjétə ɛ ɲə]
zweiundneunzig	nëntëdhjetë e dy	[nəntəðjétə ɛ dy]
dreiundneunzig	nëntëdhjetë e tre	[nəntəðjétə ɛ trɛ]

5. Grundzahlen. Teil 2

einhundert	njëqind	[ɲəcínd]
zweihundert	dyqind	[dycínd]
dreihundert	treqind	[trɛcínd]
vierhundert	katërqind	[katərcínd]
fünfhundert	pesëqind	[pɛsəcínd]

sechshundert	gjashtëqind	[ɟaʃtəcínd]
siebenhundert	shtatëqind	[ʃtatəcínd]
achthundert	tetëqind	[tɛtəcínd]
neunhundert	nëntëqind	[nəntəcínd]
eintausend	një mijë	[ɲə míjə]
zweitausend	dy mijë	[dy míjə]

dreitausend	tre mijë	[trɛ míjə]
zehntausend	dhjetë mijë	[ðjétə míjə]
hunderttausend	njëqind mijë	[ɲəcínd míjə]
Million (f)	milion (m)	[milión]
Milliarde (f)	miliardë (f)	[miliárdə]

6. Ordnungszahlen

der erste	i pari	[i pári]
der zweite	i dyti	[i dýti]
der dritte	i treti	[i tréti]
der vierte	i katërti	[i kátərti]
der fünfte	i pesti	[i pésti]
der sechste	i gjashti	[i ɟáʃti]
der siebte	i shtati	[i ʃtáti]
der achte	i teti	[i téti]
der neunte	i nënti	[i nə́nti]
der zehnte	i dhjeti	[i ðjéti]

7. Zahlen. Brüche

Bruch (m)	thyesë (f)	[θýɛsə]
Hälfte (f)	gjysma	[ɟýsma]
Drittel (n)	një e treta	[ɲə ɛ tréta]
Viertel (n)	një e katërta	[ɲə ɛ kátərta]

Achtel (m, n)	një e teta	[ɲə ɛ téta]
Zehntel (n)	një e dhjeta	[ɲə ɛ ðjéta]
zwei Drittel	dy të tretat	[dy tə trétat]
drei Viertel	tre të katërtat	[trɛ tə kátərtat]

8. Zahlen. Grundrechenarten

Subtraktion (f)	zbritje (f)	[zbrítjɛ]
subtrahieren (vt)	zbres	[zbrɛs]
Division (f)	pjesëtim (m)	[pjɛsətím]
dividieren (vt)	pjesëtoj	[pjɛsətój]
Addition (f)	mbledhje (f)	[mbléðjɛ]
addieren (vt)	shtoj	[ʃtoj]
hinzufügen (vt)	mbledh	[mbléð]
Multiplikation (f)	shumëzim (m)	[ʃumǝzím]
multiplizieren (vt)	shumëzoj	[ʃumǝzój]

9. Zahlen. Verschiedenes

| Ziffer (f) | shifër (f) | [ʃífər] |
| Zahl (f) | numër (m) | [númər] |

Zahlwort (n)	numerik (m)	[numɛrík]
Minus (n)	minus (m)	[minús]
Plus (n)	plus (m)	[plus]
Formel (f)	formulë (f)	[formúlə]

Berechnung (f)	llogaritje (f)	[ɫogarítjɛ]
zählen (vt)	numëroj	[numərój]
berechnen (vt)	llogaris	[ɫogarís]
vergleichen (vt)	krahasoj	[krahasój]

Wie viel, -e?	Sa?	[sa?]
Summe (f)	shuma (f)	[ʃúma]
Ergebnis (n)	rezultat (m)	[rɛzultát]
Rest (m)	mbetje (f)	[mbétjɛ]

einige (~ Tage)	disa	[disá]
wenig (Adv)	pak	[pak]
einige, ein paar	disa	[disá]
wenig (es kostet ~)	pak	[pak]
Übrige (n)	mbetje (f)	[mbétjɛ]
anderthalb	një e gjysmë (f)	[ɲə ɛ ɟýsmə]
Dutzend (n)	dyzinë (f)	[dyzínə]

entzwei (Adv)	përgjysmë	[pərɟýsmə]
zu gleichen Teilen	gjysmë për gjysmë	[ɟýsmə pər ɟýsmə]
Hälfte (f)	gjysmë (f)	[ɟýsmə]
Mal (n)	herë (f)	[hérə]

10. Die wichtigsten Verben. Teil 1

abbiegen (nach links ~)	kthej	[kθɛj]
abschicken (vt)	dërgoj	[dərgój]
ändern (vt)	ndryshoj	[ndryʃój]
andeuten (vt)	aludoj	[aludój]
Angst haben	kam frikë	[kam fríkə]

ankommen (vi)	arrij	[aríj]
antworten (vi)	përgjigjem	[pərɟíɟɛm]
arbeiten (vi)	punoj	[punój]
auf ... zählen	mbështetem ...	[mbəʃtétɛm ...]
aufbewahren (vt)	mbaj	[mbáj]

aufschreiben (vt)	mbaj shënim	[mbáj ʃəním]
ausgehen (vi)	dal	[dal]
aussprechen (vt)	shqiptoj	[ʃciptój]
bedauern (vt)	pendohem	[pɛndóhɛm]
bedeuten (vt)	nënkuptoj	[nənkuptój]
beenden (vt)	përfundoj	[pərfundój]

befehlen (Milit.)	urdhëroj	[urðərój]
befreien (Stadt usw.)	çliroj	[tʃlirój]
beginnen (vt)	filloj	[fiɫój]
bemerken (vt)	vërej	[vəréj]
beobachten (vt)	vëzhgoj	[vəʒgój]

berühren (vt)	prek	[prɛk]
besitzen (vt)	zotëroj	[zotərój]
besprechen (vt)	diskutoj	[diskutój]
bestehen auf	këmbëngul	[kəmbəŋúl]
bestellen (im Restaurant)	porosis	[porosís]

bestrafen (vt)	ndëshkoj	[ndəʃkój]
beten (vi)	lutem	[lútɛm]
bitten (vt)	pyes	[pýɛs]
brechen (vt)	ndahem	[ndáhɛm]
denken (vi, vt)	mendoj	[mɛndój]

drohen (vi)	kërcënoj	[kərtsənój]
Durst haben	kam etje	[kam étjɛ]
einladen (vt)	ftoj	[ftoj]
einstellen (vt)	ndaloj	[ndalój]
einwenden (vt)	kundërshtoj	[kundərʃtój]
empfehlen (vt)	rekomandoj	[rɛkomandój]

erklären (vt)	shpjegoj	[ʃpjɛgój]
erlauben (vt)	lejoj	[lɛjój]
ermorden (vt)	vras	[vras]
erwähnen (vt)	përmend	[pərménd]
existieren (vi)	ekzistoj	[ɛkzistój]

11. Die wichtigsten Verben. Teil 2

fallen (vi)	bie	[bíɛ]
fallen lassen	lëshoj	[ləʃój]
fangen (vt)	kap	[kap]
finden (vt)	gjej	[ɟéj]
fliegen (vi)	fluturoj	[fluturój]

folgen (Folge mir!)	ndjek ...	[ndjék ...]
fortsetzen (vt)	vazhdoj	[vaʒdój]
fragen (vt)	pyes	[pýɛs]
frühstücken (vi)	ha mëngjes	[ha mənɟés]
geben (vt)	jap	[jap]

gefallen (vi)	pëlqej	[pəlcéj]
gehen (zu Fuß gehen)	ec në këmbë	[ɛts nə kémbə]
gehören (vi)	përkas ...	[pərkás ...]
graben (vt)	gërmoj	[gərmój]

haben (vt)	kam	[kam]
helfen (vi)	ndihmoj	[ndihmój]
herabsteigen (vi)	zbres	[zbrɛs]
hereinkommen (vi)	hyj	[hyj]

hoffen (vi)	shpresoj	[ʃprɛsój]
hören (vt)	dëgjoj	[dəɟój]
hungrig sein	kam uri	[kam urí]
informieren (vt)	informoj	[informój]
jagen (vi)	dal për gjah	[dál pər ɟáh]

kennen (vt)	njoh	[ɲóh]
klagen (vi)	ankohem	[ankóhɛm]
können (v mod)	mund	[mund]
kontrollieren (vt)	kontrolloj	[kontroɫój]
kosten (vt)	kushton	[kuʃtón]

kränken (vt)	fyej	[fýɛj]
lächeln (vi)	buzëqesh	[buzəcéʃ]
lachen (vi)	qesh	[cɛʃ]
laufen (vi)	vrapoj	[vrapój]
leiten (Betrieb usw.)	drejtoj	[drɛjtój]

lernen (vt)	studioj	[studiój]
lesen (vi, vt)	lexoj	[lɛdzój]
lieben (vt)	dashuroj	[daʃurój]
machen (vt)	bëj	[bəj]

mieten (Haus usw.)	marr me qira	[mar mɛ cirá]
nehmen (vt)	marr	[mar]
noch einmal sagen	përsëris	[pərsərís]
nötig sein	nevojitet	[nɛvojítɛt]
öffnen (vt)	hap	[hap]

12. Die wichtigsten Verben. Teil 3

planen (vt)	planifikoj	[planifikój]
prahlen (vi)	mburrem	[mbúrɛm]
raten (vt)	këshilloj	[kəʃiɫój]
rechnen (vt)	numëroj	[numərój]
reservieren (vt)	rezervoj	[rɛzɛrvój]

retten (vt)	shpëtoj	[ʃpətój]
richtig raten (vt)	hamendësoj	[hamɛndəsój]
rufen (um Hilfe ~)	thërras	[θərás]
sagen (vt)	them	[θɛm]
schaffen (Etwas Neues zu ~)	krijoj	[krijój]

schelten (vt)	qortoj	[cortój]
schießen (vi)	qëlloj	[cəɫój]
schmücken (vt)	zbukuroj	[zbukurój]
schreiben (vi, vt)	shkruaj	[ʃkrúaj]
schreien (vi)	bërtas	[bərtás]

schweigen (vi)	hesht	[hɛʃt]
schwimmen (vi)	notoj	[notój]
schwimmen gehen	notoj	[notój]
sehen (vi, vt)	shikoj	[ʃikój]

sein (vi)	jam	[jam]
sich beeilen	nxitoj	[ndzitój]
sich entschuldigen	kërkoj falje	[kərkój fáljɛ]

sich interessieren	interesohem ...	[intɛrɛsóhɛm ...]
sich irren	gaboj	[gabój]

sich setzen	ulem	[úlɛm]
sich weigern	refuzoj	[rɛfuzój]
spielen (vi, vt)	luaj	[lúaj]

sprechen (vi)	flas	[flas]
staunen (vi)	çuditem	[tʃudítɛm]
stehlen (vt)	vjedh	[vjɛð]
stoppen (vt)	ndaloj	[ndalój]
suchen (vt)	kërkoj ...	[kərkój ...]

13. Die wichtigsten Verben. Teil 4

täuschen (vt)	mashtroj	[maʃtrój]
teilnehmen (vi)	marr pjesë	[mar pjésə]
übersetzen (Buch usw.)	përkthej	[pərkθéj]
unterschätzen (vt)	nënvlerësoj	[nənvlɛrəsój]
unterschreiben (vt)	nënshkruaj	[nənʃkrúaj]

vereinigen (vt)	bashkoj	[baʃkój]
vergessen (vt)	harroj	[harój]
vergleichen (vt)	krahasoj	[krahasój]
verkaufen (vt)	shes	[ʃɛs]
verlangen (vt)	kërkoj	[kərkój]

versäumen (vt)	humbas	[humbás]
versprechen (vt)	premtoj	[prɛmtój]
verstecken (vt)	fsheh	[fʃéh]
verstehen (vt)	kuptoj	[kuptój]
versuchen (vt)	përpiqem	[pərpícɛm]
verteidigen (vt)	mbroj	[mbrój]
vertrauen (vi)	besoj	[bɛsój]
verwechseln (vt)	ngatërroj	[ŋatərój]
verzeihen (vi, vt)	fal	[fal]
verzeihen (vt)	fal	[fal]
voraussehen (vt)	parashikoj	[paraʃikój]

vorschlagen (vt)	propozoj	[propozój]
vorziehen (vt)	preferoj	[prɛfɛrój]
wählen (vt)	zgjedh	[zɟɛð]
warnen (vt)	paralajmëroj	[paralajmərój]
warten (vi)	pres	[prɛs]
weinen (vi)	qaj	[caj]

wissen (vt)	di	[di]
Witz machen	bëj shaka	[bəj ʃaká]
wollen (vt)	dëshiroj	[dəʃirój]
zahlen (vt)	paguaj	[pagúaj]
zeigen (jemandem etwas)	tregoj	[trɛgój]

zu Abend essen	ha darkë	[ha dárkə]
zu Mittag essen	ha drekë	[ha drékə]
zubereiten (vt)	gatuaj	[gatúaj]
zustimmen (vi)	bie dakord	[bíɛ dakórd]
zweifeln (vi)	dyshoj	[dyʃój]

14. Farben

Farbe (f)	ngjyrë (f)	[ɲɟýrə]
Schattierung (f)	nuancë (f)	[nuántsə]
Farbton (m)	tonalitet (m)	[tonalitét]
Regenbogen (m)	ylber (m)	[ylbér]
weiß	e bardhë	[ɛ bárðə]
schwarz	e zezë	[ɛ zézə]
grau	gri	[gri]
grün	jeshile	[jɛʃílɛ]
gelb	e verdhë	[ɛ vérðə]
rot	e kuqe	[ɛ kúcɛ]
blau	blu	[blu]
hellblau	bojëqielli	[bojəciéɫi]
rosa	rozë	[rózə]
orange	portokalli	[portokáɫi]
violett	bojëvjollcë	[bojəvjóɫtsə]
braun	kafe	[káfɛ]
golden	e artë	[ɛ ártə]
silbrig	e argjendtë	[ɛ arɟéndtə]
beige	bezhë	[béʒə]
cremefarben	krem	[krɛm]
türkis	e bruztë	[ɛ brúztə]
kirschrot	qershi	[cɛrʃí]
lila	jargavan	[jargaván]
himbeerrot	e kuqe e thellë	[ɛ kúcɛ ɛ θéɫə]
hell	e hapur	[ɛ hápur]
dunkel	e errët	[ɛ érət]
grell	e ndritshme	[ɛ ndrítʃmɛ]
Farb- (z.B. -stifte)	e ngjyrosur	[ɛ ɲɟyrósur]
Farb- (z.B. -film)	ngjyrë	[ɲɟýrə]
schwarz-weiß	bardhë e zi	[bárðə ɛ zi]
einfarbig	njëngjyrëshe	[nənɟýrəʃɛ]
bunt	shumëngjyrëshe	[ʃumənɟýrəʃɛ]

15. Fragen

Wer?	Kush?	[kuʃ?]
Was?	Çka?	[tʃká?]
Wo?	Ku?	[ku?]
Wohin?	Për ku?	[pər ku?]
Woher?	Nga ku?	[ŋa ku?]
Wann?	Kur?	[kur?]
Wozu?	Pse?	[psɛ?]
Warum?	Pse?	[psɛ?]
Wofür?	Për çfarë arsye?	[pər tʃfárə arsýɛ?]

Wie?	Si?	[si?]
Welcher?	Çfarë?	[tʃfárə?]

Wem?	Kujt?	[kújt?]
Über wen?	Për kë?	[pər kə?]
Wovon? (~ sprichst du?)	Për çfarë?	[pər tʃfárə?]
Mit wem?	Me kë?	[mɛ kə?]

Wie viel? Wie viele?	Sa?	[sa?]
Wessen?	Të kujt?	[tə kujt?]

16. Präpositionen

mit (Frau ~ Katzen)	me	[mɛ]
ohne (~ Dich)	pa	[pa]
nach (~ London)	për në	[pər nə]
über (~ Geschäfte sprechen)	për	[pər]
vor (z.B. ~ acht Uhr)	përpara	[pərpára]
vor (z.B. ~ dem Haus)	para ...	[pára ...]

unter (~ dem Schirm)	nën	[nən]
über (~ dem Meeresspiegel)	mbi	[mbí]
auf (~ dem Tisch)	mbi	[mbí]
aus (z.B. ~ München)	nga	[ŋa]
aus (z.B. ~ Porzellan)	nga	[ŋa]

in (~ zwei Tagen)	për	[pər]
über (~ zaun)	sipër	[sípər]

17. Funktionswörter. Adverbien. Teil 1

Wo?	Ku?	[ku?]
hier	këtu	[kətú]
dort	atje	[atjé]

irgendwo	diku	[dikú]
nirgends	askund	[askúnd]

an (bei)	afër	[áfər]
am Fenster	tek dritarja	[tɛk dritárja]

Wohin?	Për ku?	[pər ku?]
hierher	këtu	[kətú]
dahin	atje	[atjé]
von hier	nga këtu	[ŋa kətú]
von da	nga atje	[ŋa atjɛ]

nah (Adv)	pranë	[pránə]
weit, fern (Adv)	larg	[larg]

in der Nähe von ...	afër	[áfər]
in der Nähe	pranë	[pránə]

unweit (~ unseres Hotels)	jo larg	[jo lárg]
link (Adj)	majtë	[májtə]
links (Adv)	majtas	[májtas]
nach links	në të majtë	[nə tə májtə]
recht (Adj)	djathtë	[djáθtə]
rechts (Adv)	djathtas	[djáθtas]
nach rechts	në të djathtë	[nə tə djáθtə]
vorne (Adv)	përballë	[pərbáłə]
Vorder-	i përparmë	[i pərpármə]
vorwärts	përpara	[pərpára]
hinten (Adv)	prapa	[prápa]
von hinten	nga prapa	[ŋa prápa]
rückwärts (Adv)	pas	[pas]
Mitte (f)	mes (m)	[mɛs]
in der Mitte	në mes	[nə mɛs]
seitlich (Adv)	në anë	[nə anə]
überall (Adv)	kudo	[kúdo]
ringsherum (Adv)	përreth	[pəréθ]
von innen (Adv)	nga brenda	[ŋa brénda]
irgendwohin (Adv)	diku	[dikú]
geradeaus (Adv)	drejt	[dréjt]
zurück (Adv)	pas	[pas]
irgendwoher (Adv)	nga kudo	[ŋa kúdo]
von irgendwo (Adv)	nga diku	[ŋa dikú]
erstens	së pari	[sə pári]
zweitens	së dyti	[sə dýti]
drittens	së treti	[sə tréti]
plötzlich (Adv)	befas	[béfas]
zuerst (Adv)	në fillim	[nə fiłím]
zum ersten Mal	për herë të parë	[pər hérə tə párə]
lange vor...	shumë përpara ...	[ʃúmə pərpára ...]
von Anfang an	sërish	[səríʃ]
für immer	një herë e mirë	[nə hérə ɛ mírə]
nie (Adv)	kurrë	[kúrə]
wieder (Adv)	përsëri	[pərsərí]
jetzt (Adv)	tani	[táni]
oft (Adv)	shpesh	[ʃpɛʃ]
damals (Adv)	atëherë	[atəhérə]
dringend (Adv)	urgjent	[urɟént]
gewöhnlich (Adv)	zakonisht	[zakoníʃt]
übrigens, ...	meqë ra fjala, ...	[mécə ra fjála, ...]
möglicherweise (Adv)	ndoshta	[ndóʃta]
wahrscheinlich (Adv)	mundësisht	[mundəsíʃt]
vielleicht (Adv)	mbase	[mbásɛ]
außerdem ...	përveç	[pərvétʃ]

deshalb ...	ja përse ...	[ja pərsé ...]
trotz ...	pavarësisht se ...	[pavarəsíʃt sɛ ...]
dank ...	falë ...	[fálə ...]

was (~ ist denn?)	çfarë	[tʃfárə]
das (~ ist alles)	që	[cə]
etwas	diçka	[ditʃká]
irgendwas	ndonji gjë	[ndoɲí ɟə]
nichts	asgjë	[asɟé]

wer (~ ist ~?)	kush	[kuʃ]
jemand	dikush	[dikúʃ]
irgendwer	dikush	[dikúʃ]

niemand	askush	[askúʃ]
nirgends	askund	[askúnd]
niemandes (~ Eigentum)	i askujt	[i askújt]
jemandes	i dikujt	[i dikújt]

so (derart)	aq	[ác]
auch	gjithashtu	[ɟiθaʃtú]
ebenfalls	gjithashtu	[ɟiθaʃtú]

18. Funktionswörter. Adverbien. Teil 2

Warum?	Pse?	[psɛ?]
aus irgendeinem Grund	për një arsye	[pər ɲə arsýɛ]
weil ...	sepse ...	[sɛpsé ...]
zu irgendeinem Zweck	për ndonjë shkak	[pər ndóɲə ʃkak]

und	dhe	[ðɛ]
oder	ose	[ósɛ]
aber	por	[por]
für (präp)	për	[pər]

zu (~ viele)	tepër	[tépər]
nur (~ einmal)	vetëm	[vétəm]
genau (Adv)	pikërisht	[pikəríʃt]
etwa	rreth	[rɛθ]

ungefähr (Adv)	përafërsisht	[pərafərsíʃt]
ungefähr (Adj)	përafërt	[pəráfərt]
fast	pothuajse	[poθúajsɛ]
Übrige (n)	mbetje (f)	[mbétjɛ]

der andere	tjetri	[tjétri]
andere	tjetër	[tjétər]
jeder (~ Mann)	çdo	[tʃdo]
beliebig (Adj)	çfarëdo	[tʃfarədó]
viel (zähl.)	disa	[disá]
viel (unzähl.)	shumë	[ʃúmə]
viele Menschen	shumë njerëz	[ʃúmə ɲérəz]
alle (wir ~)	të gjithë	[tə ɟíθə]
im Austausch gegen ...	në vend të ...	[nə vénd tə ...]

22

dafür (Adv)	në shkëmbim të …	[nə ʃkəmbím tə …]
mit der Hand (Hand-)	me dorë	[mɛ dórə]
schwerlich (Adv)	vështirë se …	[vəʃtírə sɛ …]
wahrscheinlich (Adv)	mundësisht	[mundəsíʃt]
absichtlich (Adv)	me qëllim	[mɛ cəɫím]
zufällig (Adv)	aksidentalisht	[aksidɛntalíʃt]
sehr (Adv)	shumë	[ʃúmə]
zum Beispiel	për shembull	[pər ʃémbuɫ]
zwischen	midis	[midís]
unter (Wir sind ~ Mördern)	rreth	[rɛθ]
so viele (~ Ideen)	kaq shumë	[kác ʃúmə]
besonders (Adv)	veçanërisht	[vɛtʃanəríʃt]

Grundbegriffe. Teil 2

19. Wochentage

Montag (m)	E hënë (f)	[ɛ hénə]
Dienstag (m)	E martë (f)	[ɛ mártə]
Mittwoch (m)	E mërkurë (f)	[ɛ mərkúrə]
Donnerstag (m)	E enjte (f)	[ɛ éɲtɛ]
Freitag (m)	E premte (f)	[ɛ prémtɛ]
Samstag (m)	E shtunë (f)	[ɛ ʃtúnə]
Sonntag (m)	E dielë (f)	[ɛ díɛlə]
heute	sot	[sot]
morgen	nesër	[nésər]
übermorgen	pasnesër	[pasnésər]
gestern	dje	[djé]
vorgestern	pardje	[pardjé]
Tag (m)	ditë (f)	[dítə]
Arbeitstag (m)	ditë pune (f)	[dítə púnɛ]
Feiertag (m)	festë kombëtare (f)	[féstə kombətárɛ]
freier Tag (m)	ditë pushim (m)	[dítə puʃím]
Wochenende (n)	fundjavë (f)	[fundjávə]
den ganzen Tag	gjithë ditën	[ɟíθə dítən]
am nächsten Tag	ditën pasardhëse	[dítən pasárðəsɛ]
zwei Tage vorher	dy ditë më parë	[dy dítə mə párə]
am Vortag	një ditë më parë	[nə dítə mə párə]
täglich (Adj)	ditor	[ditór]
täglich (Adv)	çdo ditë	[tʃdo dítə]
Woche (f)	javë (f)	[jávə]
letzte Woche	javën e kaluar	[jávən ɛ kalúar]
nächste Woche	javën e ardhshme	[jávən ɛ árðʃmɛ]
wöchentlich (Adj)	javor	[javór]
wöchentlich (Adv)	çdo javë	[tʃdo jávə]
zweimal pro Woche	dy herë në javë	[dy hérə nə jávə]
jeden Dienstag	çdo të martë	[tʃdo tə mártə]

20. Stunden. Tag und Nacht

Morgen (m)	mëngjes (m)	[mənɟés]
morgens	në mëngjes	[nə mənɟés]
Mittag (m)	mesditë (f)	[mɛsdítə]
nachmittags	pasdite	[pasdítɛ]
Abend (m)	mbrëmje (f)	[mbrə́mjɛ]
abends	në mbrëmje	[nə mbrə́mjɛ]

Nacht (f)	natë (f)	[nátə]
nachts	natën	[nátən]
Mitternacht (f)	mesnatë (f)	[mɛsnátə]

Sekunde (f)	sekondë (f)	[sɛkóndə]
Minute (f)	minutë (f)	[minútə]
Stunde (f)	orë (f)	[órə]
eine halbe Stunde	gjysmë ore (f)	[ɟýsmə órɛ]
Viertelstunde (f)	çerek ore (m)	[tʃɛrék órɛ]
fünfzehn Minuten	pesëmbëdhjetë minuta	[pɛsəmbəðjétə minúta]
Tag und Nacht	24 orë	[ɲəzét ɛ kátər órə]

Sonnenaufgang (m)	agim (m)	[agím]
Morgendämmerung (f)	agim (m)	[agím]
früher Morgen (m)	mëngjes herët (m)	[mənɟés hérət]
Sonnenuntergang (m)	perëndim dielli (m)	[pɛrəndím diéɬi]

früh am Morgen	herët në mëngjes	[hérət nə mənɟés]
heute Morgen	sot në mëngjes	[sot nə mənɟés]
morgen früh	nesër në mëngjes	[nésər nə mənɟés]

heute Mittag	sot pasdite	[sot pasdítɛ]
nachmittags	pasdite	[pasdítɛ]
morgen Nachmittag	nesër pasdite	[nésər pasdítɛ]

| heute Abend | sonte në mbrëmje | [sóntɛ nə mbrəmjɛ] |
| morgen Abend | nesër në mbrëmje | [nésər nə mbrémjɛ] |

Punkt drei Uhr	në orën 3 fiks	[nə órən trɛ fiks]
gegen vier Uhr	rreth orës 4	[rɛθ órəs kátər]
um zwölf Uhr	deri në orën 12	[déri nə órən dymbəðjétə]

in zwanzig Minuten	për 20 minuta	[pər ɲəzét minúta]
in einer Stunde	për një orë	[pər ɲə órə]
rechtzeitig (Adv)	në orar	[nə orár]

Viertel vor ...	çerek ...	[tʃɛrék ...]
innerhalb einer Stunde	brenda një ore	[brénda ɲə órɛ]
alle fünfzehn Minuten	çdo 15 minuta	[tʃdo pɛsəmbəðjétə minúta]
Tag und Nacht	gjithë ditën	[ɟíθə dítən]

21. Monate. Jahreszeiten

Januar (m)	Janar (m)	[janár]
Februar (m)	Shkurt (m)	[ʃkurt]
März (m)	Mars (m)	[mars]
April (m)	Prill (m)	[priɬ]
Mai (m)	Maj (m)	[maj]
Juni (m)	Qershor (m)	[cɛrʃór]

Juli (m)	Korrik (m)	[korík]
August (m)	Gusht (m)	[guʃt]
September (m)	Shtator (m)	[ʃtatór]
Oktober (m)	Tetor (m)	[tɛtór]

| November (m) | Nëntor (m) | [nəntór] |
| Dezember (m) | Dhjetor (m) | [ðjɛtór] |

Frühling (m)	pranverë (f)	[pranvérə]
im Frühling	në pranverë	[nə pranvérə]
Frühlings-	pranveror	[pranvɛrór]

Sommer (m)	verë (f)	[vérə]
im Sommer	në verë	[nə vérə]
Sommer-	veror	[vɛrór]

Herbst (m)	vjeshtë (f)	[vjéʃtə]
im Herbst	në vjeshtë	[nə vjéʃtə]
Herbst-	vjeshtor	[vjéʃtor]

Winter (m)	dimër (m)	[dímər]
im Winter	në dimër	[nə dímər]
Winter-	dimëror	[dimərór]

Monat (m)	muaj (m)	[múaj]
in diesem Monat	këtë muaj	[kətə múaj]
nächsten Monat	muajin tjetër	[múajin tjétər]
letzten Monat	muajin e kaluar	[múajin ɛ kalúar]
vor einem Monat	para një muaji	[pára ɲə múaji]
über eine Monat	pas një muaji	[pas ɲə múaji]
in zwei Monaten	pas dy muajsh	[pas dy múajʃ]
den ganzen Monat	gjatë gjithë muajit	[ɟátə ɟíθə múajit]

monatlich (Adj)	mujor	[mujór]
monatlich (Adv)	mujor	[mujór]
jeden Monat	çdo muaj	[tʃdo múaj]
zweimal pro Monat	dy herë në muaj	[dy hérə nə múaj]

Jahr (n)	vit (m)	[vit]
dieses Jahr	këtë vit	[kətə vít]
nächstes Jahr	vitin tjetër	[vítin tjétər]
voriges Jahr	vitin e kaluar	[vítin ɛ kalúar]

vor einem Jahr	para një viti	[pára ɲə víti]
in einem Jahr	për një vit	[pər ɲə vit]
in zwei Jahren	për dy vite	[pər dy vítɛ]
das ganze Jahr	gjatë gjithë vitit	[ɟátə ɟíθə vítit]

jedes Jahr	çdo vit	[tʃdo vít]
jährlich (Adj)	vjetor	[vjɛtór]
jährlich (Adv)	çdo vit	[tʃdo vít]
viermal pro Jahr	4 herë në vit	[kátər hérə nə vit]

Datum (heutige ~)	datë (f)	[dátə]
Datum (Geburts-)	data (f)	[dáta]
Kalender (m)	kalendar (m)	[kalɛndár]

ein halbes Jahr	gjysmë viti	[ɟýsmə víti]
Halbjahr (n)	gjashtë muaj	[ɟáʃtə múaj]
Saison (f)	stinë (f)	[stínə]
Jahrhundert (n)	shekull (m)	[ʃékuɫ]

22. Maßeinheiten

Gewicht (n)	peshë (f)	[péʃə]
Länge (f)	gjatësi (f)	[ɟatəsí]
Breite (f)	gjerësi (f)	[ɟɛrəsí]
Höhe (f)	lartësi (f)	[lartəsí]
Tiefe (f)	thellësi (f)	[θɛɬəsí]
Volumen (n)	vëllim (m)	[vəɬím]
Fläche (f)	sipërfaqe (f)	[sipərfácɛ]

Gramm (n)	gram (m)	[gram]
Milligramm (n)	miligram (m)	[miligrám]
Kilo (n)	kilogram (m)	[kilográm]
Tonne (f)	ton (m)	[ton]
Pfund (n)	paund (m)	[páund]
Unze (f)	ons (m)	[ons]

Meter (m)	metër (m)	[métər]
Millimeter (m)	milimetër (m)	[milimétər]
Zentimeter (m)	centimetër (m)	[tsɛntimétər]
Kilometer (m)	kilometër (m)	[kilométər]
Meile (f)	milje (f)	[míljɛ]
Zoll (m)	inç (m)	[intʃ]
Fuß (m)	këmbë (f)	[kə́mbə]
Yard (n)	jard (m)	[járd]

Quadratmeter (m)	metër katror (m)	[métər katrór]
Hektar (n)	hektar (m)	[hɛktár]
Liter (m)	litër (m)	[lítər]
Grad (m)	gradë (f)	[grádə]
Volt (n)	volt (m)	[volt]
Ampere (n)	amper (m)	[ampér]
Pferdestärke (f)	kuaj-fuqi (f)	[kúaj-fucí]

Anzahl (f)	sasi (f)	[sasí]
etwas ...	pak ...	[pak ...]
Hälfte (f)	gjysmë (f)	[ɟýsmə]
Dutzend (n)	dyzinë (f)	[dyzínə]
Stück (n)	copë (f)	[tsópə]

Größe (f)	madhësi (f)	[maðəsí]
Maßstab (m)	shkallë (f)	[ʃkáɬə]

minimal (Adj)	minimale	[minimálɛ]
der kleinste	më i vogli	[mə i vógli]
mittler, mittel-	i mesëm	[i mésəm]
maximal (Adj)	maksimale	[maksimálɛ]
der größte	më i madhi	[mə i máði]

23. Behälter

Glas (Einmachglas)	kavanoz (m)	[kavanóz]
Dose (z.B. Bierdose)	kanoçe (f)	[kanótʃɛ]

| Eimer (m) | kovë (f) | [kóvə] |
| Fass (n), Tonne (f) | fuçi (f) | [futʃí] |

Waschschüssel (n)	legen (m)	[lɛgén]
Tank (m)	tank (m)	[tank]
Flachmann (m)	faqore (f)	[facórɛ]
Kanister (m)	bidon (m)	[bidón]
Zisterne (f)	cisternë (f)	[tsistérnə]

Kaffeebecher (m)	tas (m)	[tas]
Tasse (f)	filxhan (m)	[fildʒán]
Untertasse (f)	pjatë filxhani (f)	[pjátə fildʒáni]
Wasserglas (n)	gotë (f)	[gótə]
Weinglas (n)	gotë vere (f)	[gótə vérɛ]
Kochtopf (m)	tenxhere (f)	[tɛndʒérɛ]

| Flasche (f) | shishe (f) | [ʃíʃɛ] |
| Flaschenhals (m) | grykë | [grýkə] |

Karaffe (f)	brokë (f)	[brókə]
Tonkrug (m)	shtambë (f)	[ʃtámbə]
Gefäß (n)	enë (f)	[énə]
Tontopf (m)	enë (f)	[énə]
Vase (f)	vazo (f)	[vázo]

Flakon (n)	shishe (f)	[ʃíʃɛ]
Fläschchen (n)	shishkë (f)	[ʃíʃkə]
Tube (z.B. Zahnpasta)	tubet (f)	[tubét]

Sack (~ Kartoffeln)	thes (m)	[θɛs]
Tüte (z.B. Plastiktüte)	qese (f)	[césɛ]
Schachtel (f) (z.B. Zigaretten~)	paketë (f)	[pakétə]

Karton (z.B. Schuhkarton)	kuti (f)	[kutí]
Kiste (z.B. Bananenkiste)	arkë (f)	[árkə]
Korb (m)	shportë (f)	[ʃpórtə]

DER MENSCH

Der Mensch. Körper

24. Kopf

Kopf (m)	kokë (f)	[kókə]
Gesicht (n)	fytyrë (f)	[fytýrə]
Nase (f)	hundë (f)	[húndə]
Mund (m)	gojë (f)	[gójə]
Auge (n)	sy (m)	[sy]
Augen (pl)	sytë	[sýtə]
Pupille (f)	bebëz (f)	[bébəz]
Augenbraue (f)	vetull (f)	[vétuɫ]
Wimper (f)	qerpik (m)	[cɛrpík]
Augenlid (n)	qepallë (f)	[cɛpáɫə]
Zunge (f)	gjuhë (f)	[ɟúhə]
Zahn (m)	dhëmb (m)	[ðəmb]
Lippen (pl)	buzë (f)	[búzə]
Backenknochen (pl)	mollëza (f)	[móɫəza]
Zahnfleisch (n)	mishrat e dhëmbëve	[míʃrat ɛ ðəmbəvɛ]
Gaumen (m)	qiellzë (f)	[ciéɫzə]
Nasenlöcher (pl)	vrimat e hundës (pl)	[vrímat ɛ húndəs]
Kinn (n)	mjekër (f)	[mjékər]
Kiefer (m)	nofull (f)	[nófuɫ]
Wange (f)	faqe (f)	[fácɛ]
Stirn (f)	ball (m)	[báɫ]
Schläfe (f)	tëmth (m)	[təmθ]
Ohr (n)	vesh (m)	[vɛʃ]
Nacken (m)	zverk (m)	[zvɛrk]
Hals (m)	qafë (f)	[cáfə]
Kehle (f)	fyt (m)	[fyt]
Haare (pl)	flokë (pl)	[flókə]
Frisur (f)	model flokësh (m)	[modél flókəʃ]
Haarschnitt (m)	prerje flokësh (f)	[prérjɛ flókəʃ]
Perücke (f)	paruke (f)	[parúkɛ]
Schnurrbart (m)	mustaqe (f)	[mustácɛ]
Bart (m)	mjekër (f)	[mjékər]
haben (einen Bart ~)	lë mjekër	[lə mjékər]
Zopf (m)	gërshet (m)	[gərʃét]
Backenbart (m)	baseta (f)	[baséta]
rothaarig	flokëkuqe	[flokəkúcɛ]
grau	thinja	[θíɲa]

| kahl | qeros | [cɛrós] |
| Glatze (f) | tullë (f) | [túɫə] |

| Pferdeschwanz (m) | bishtalec (m) | [biʃtaléts] |
| Pony (Ponyfrisur) | balluke (f) | [baɫúkɛ] |

25. Menschlicher Körper

| Hand (f) | dorë (f) | [dórə] |
| Arm (m) | krah (m) | [krah] |

Finger (m)	gisht i dorës (m)	[gíʃt i dórəs]
Zehe (f)	gisht i këmbës (m)	[gíʃt i kə́mbəs]
Daumen (m)	gishti i madh (m)	[gíʃti i máð]
kleiner Finger (m)	gishti i vogël (m)	[gíʃti i vógəl]
Nagel (m)	thua (f)	[θúa]

Faust (f)	grusht (m)	[grúʃt]
Handfläche (f)	pëllëmbë dore (f)	[pəɫə́mbə dórɛ]
Handgelenk (n)	kyç (m)	[kytʃ]
Unterarm (m)	parakrah (m)	[parakráh]
Ellbogen (m)	bërryl (m)	[bərýl]
Schulter (f)	shpatull (f)	[ʃpátuɫ]

Bein (n)	këmbë (f)	[kə́mbə]
Fuß (m)	shputë (f)	[ʃpútə]
Knie (n)	gju (m)	[ɟú]
Wade (f)	pulpë (f)	[púlpə]
Hüfte (f)	ije (f)	[íjə]
Ferse (f)	thembër (f)	[θémbər]

Körper (m)	trup (m)	[trup]
Bauch (m)	stomak (m)	[stomák]
Brust (f)	kraharor (m)	[kraharór]
Busen (m)	gjoks (m)	[ɟóks]
Seite (f), Flanke (f)	krah (m)	[krah]
Rücken (m)	kurriz (m)	[kuríz]
Kreuz (n)	fundshpina (f)	[fundʃpína]
Taille (f)	beli (m)	[béli]

Nabel (m)	kërthizë (f)	[kərθízə]
Gesäßbacken (pl)	vithe (f)	[víθɛ]
Hinterteil (n)	prapanica (f)	[prapanítsa]

Leberfleck (m)	nishan (m)	[niʃán]
Muttermal (n)	shenjë lindjeje (f)	[ʃéɲə líndjɛjɛ]
Tätowierung (f)	tatuazh (m)	[tatuáʒ]
Narbe (f)	shenjë (f)	[ʃéɲə]

Kleidung & Accessoires

26. Oberbekleidung. Mäntel

Kleidung (f)	rroba (f)	[róba]
Oberkleidung (f)	veshje e sipërme (f)	[véʃjɛ ɛ sípərmɛ]
Winterkleidung (f)	veshje dimri (f)	[véʃjɛ dímri]
Mantel (m)	pallto (f)	[páɫto]
Pelzmantel (m)	gëzof (m)	[gəzóf]
Pelzjacke (f)	xhaketë lëkure (f)	[dʒakétə ləkúrɛ]
Daunenjacke (f)	xhup (m)	[dʒup]
Jacke (z.B. Lederjacke)	xhaketë (f)	[dʒakétə]
Regenmantel (m)	pardesy (f)	[pardɛsý]
wasserdicht	kundër shiut	[kúndər ʃíut]

27. Men's & women's clothing

Hemd (n)	këmishë (f)	[kəmíʃə]
Hose (f)	pantallona (f)	[pantaɫóna]
Jeans (pl)	xhinse (f)	[dʒínsɛ]
Jackett (n)	xhaketë kostumi (f)	[dʒakétə kostúmi]
Anzug (m)	kostum (m)	[kostúm]
Damenkleid (n)	fustan (m)	[fustán]
Rock (m)	fund (m)	[fund]
Bluse (f)	bluzë (f)	[blúzə]
Strickjacke (f)	xhaketë me thurje (f)	[dʒakétə mɛ θúrjɛ]
Jacke (Damen Kostüm)	xhaketë femrash (f)	[dʒakétə fémraʃ]
T-Shirt (n)	bluzë (f)	[blúzə]
Shorts (pl)	pantallona të shkurtra (f)	[pantaɫóna tə ʃkúrtra]
Sportanzug (m)	tuta sportive (f)	[túta sportívɛ]
Bademantel (m)	peshqir trupi (m)	[pɛʃcír trúpi]
Schlafanzug (m)	pizhame (f)	[piʒámɛ]
Sweater (m)	triko (f)	[tríko]
Pullover (m)	pulovër (m)	[pulóvər]
Weste (f)	jelek (m)	[jɛlék]
Frack (m)	frak (m)	[frak]
Smoking (m)	smoking (m)	[smokíŋ]
Uniform (f)	uniformë (f)	[unifórmə]
Arbeitskleidung (f)	rroba pune (f)	[róba púnɛ]
Overall (m)	kominoshe (f)	[kominóʃɛ]
Kittel (z.B. Arztkittel)	uniformë (f)	[unifórmə]

28. Kleidung. Unterwäsche

Unterwäsche (f)	të brendshme (f)	[tə bréndʃmɛ]
Herrenslip (m)	boksera (f)	[bokséra]
Damenslip (m)	brekë (f)	[brékə]
Unterhemd (n)	fanellë (f)	[fanétə]
Socken (pl)	çorape (pl)	[tʃorápɛ]

Nachthemd (n)	këmishë nate (f)	[kəmíʃə nátɛ]
Büstenhalter (m)	sytjena (f)	[sytjéna]
Kniestrümpfe (pl)	çorape déri tek gjuri (pl)	[tʃorápɛ déri tékɟúri]
Strumpfhose (f)	geta (f)	[géta]
Strümpfe (pl)	çorape të holla (pl)	[tʃorápɛ tə hóɫa]
Badeanzug (m)	rrobë banje (f)	[róbə báɲɛ]

29. Kopfbekleidung

Mütze (f)	kapelë (f)	[kapélə]
Filzhut (m)	kapelë republike (f)	[kapélə rɛpublíkɛ]
Baseballkappe (f)	kapelë bejsbolli (f)	[kapélə bɛjsbóɫi]
Schiebermütze (f)	kapelë e sheshtë (f)	[kapélə ɛ ʃéʃtə]

Baskenmütze (f)	beretë (f)	[bɛrétə]
Kapuze (f)	kapuç (m)	[kapútʃ]
Panamahut (m)	kapelë panama (f)	[kapélə panamá]
Strickmütze (f)	kapuç leshi (m)	[kapútʃ léʃi]

| Kopftuch (n) | shami (f) | [ʃamí] |
| Damenhut (m) | kapelë femrash (f) | [kapélə fémraʃ] |

Schutzhelm (m)	helmetë (f)	[hɛlmétə]
Feldmütze (f)	kapelë ushtrie (f)	[kapélə uʃtríɛ]
Helm (z.B. Motorradhelm)	helmetë (f)	[hɛlmétə]

| Melone (f) | kapelë derby (f) | [kapélə dérby] |
| Zylinder (m) | kapelë cilindër (f) | [kapélə tsilíndər] |

30. Schuhwerk

Schuhe (pl)	këpucë (pl)	[kəpútsə]
Stiefeletten (pl)	këpucë burrash (pl)	[kəpútsə búraʃ]
Halbschuhe (pl)	këpucë grash (pl)	[kəpútsə gráʃ]
Stiefel (pl)	çizme (pl)	[tʃízmɛ]
Hausschuhe (pl)	pantofla (pl)	[pantófla]

Tennisschuhe (pl)	atlete tenisi (pl)	[atlétɛ tɛnísi]
Leinenschuhe (pl)	atlete (pl)	[atlétɛ]
Sandalen (pl)	sandale (pl)	[sandálɛ]

| Schuster (m) | këpucëtar (m) | [kəputsətár] |
| Absatz (m) | takë (f) | [tákə] |

Paar (n)	palë (f)	[pálə]
Schnürsenkel (m)	lidhëse këpucësh (f)	[líðəsɛ kəpútsəʃ]
schnüren (vt)	lidh këpucët	[lið kəpútsət]
Schuhlöffel (m)	lugë këpucësh (f)	[lúgə kəpútsəʃ]
Schuhcreme (f)	bojë këpucësh (f)	[bójə kəpútsəʃ]

31. Persönliche Accessoires

Handschuhe (pl)	dorëza (pl)	[dórəza]
Fausthandschuhe (pl)	doreza (f)	[doréza]
Schal (Kaschmir-)	shall (m)	[ʃał]

Brille (f)	syze (f)	[sýzɛ]
Brillengestell (n)	skelet syzesh (m)	[skɛlét sýzɛʃ]
Regenschirm (m)	çadër (f)	[tʃádər]
Spazierstock (m)	bastun (m)	[bastún]
Haarbürste (f)	furçë flokësh (f)	[fúrtʃə flókəʃ]
Fächer (m)	erashkë (f)	[ɛráʃkə]

Krawatte (f)	kravatë (f)	[kravátə]
Fliege (f)	papion (m)	[papión]
Hosenträger (pl)	aski (pl)	[askí]
Taschentuch (n)	shami (f)	[ʃamí]

Kamm (m)	krehër (m)	[kréhər]
Haarspange (f)	kapëse flokësh (f)	[kápəsɛ flókəʃ]
Haarnadel (f)	karficë (f)	[karfítsə]
Schnalle (f)	tokëz (f)	[tókəz]

| Gürtel (m) | rrip (m) | [rip] |
| Umhängegurt (m) | rrip supi (m) | [rip súpi] |

Tasche (f)	çantë dore (f)	[tʃántə dórɛ]
Handtasche (f)	çantë (f)	[tʃántə]
Rucksack (m)	çantë shpine (f)	[tʃántə ʃpínɛ]

32. Kleidung. Verschiedenes

Mode (f)	modë (f)	[módə]
modisch	në modë	[nə módə]
Modedesigner (m)	stilist (m)	[stilíst]

Kragen (m)	jakë (f)	[jákə]
Tasche (f)	xhep (m)	[dʒɛp]
Taschen-	i xhepit	[i dʒépit]
Ärmel (m)	mëngë (f)	[méŋə]
Aufhänger (m)	hallkë për varje (f)	[háłkə pər várjɛ]
Hosenschlitz (m)	zinxhir (m)	[zindʒír]

Reißverschluss (m)	zinxhir (m)	[zindʒír]
Verschluss (f)	kapëse (f)	[kápəsɛ]
Knopf (m)	kopsë (f)	[kópsə]

| Knopfloch (n) | vrimë kopse (f) | [vrímə kópsɛ] |
| abgehen (Knopf usw.) | këputet | [kəpútɛt] |

nähen (vi, vt)	qep	[cɛp]
sticken (vt)	qëndis	[cəndís]
Stickerei (f)	qëndisje (f)	[cəndísjɛ]
Nadel (f)	gjilpërë për qepje (f)	[ɟilpə́rə pər cépjɛ]
Faden (m)	pe (m)	[pɛ]
Naht (f)	tegel (m)	[tɛgél]

sich beschmutzen	bëhem pis	[bə́hɛm pis]
Fleck (m)	njollë (f)	[ɲótə]
sich knittern	zhubros	[ʒubrós]
zerreißen (vt)	gris	[gris]
Motte (f)	molë rrobash (f)	[mólə róbaʃ]

33. Kosmetikartikel. Kosmetik

Zahnpasta (f)	pastë dhëmbësh (f)	[pástə ðə́mbəʃ]
Zahnbürste (f)	furçë dhëmbësh (f)	[fúrtʃə ðə́mbəʃ]
Zähne putzen	laj dhëmbët	[laj ðə́mbət]

Rasierer (m)	brisk (m)	[brísk]
Rasiercreme (f)	pastë rroje (f)	[pástə rójɛ]
sich rasieren	rruhem	[rúhɛm]

| Seife (f) | sapun (m) | [sapún] |
| Shampoo (n) | shampo (f) | [ʃampó] |

Schere (f)	gërshërë (f)	[gərʃə́rə]
Nagelfeile (f)	limë thonjsh (f)	[límə θóɲʃ]
Nagelzange (f)	prerëse thonjsh (f)	[prə́rəsɛ θóɲʃ]
Pinzette (f)	piskatore vetullash (f)	[piskatórɛ vétuɫaʃ]

Kosmetik (f)	kozmetikë (f)	[kozmɛtíkə]
Gesichtsmaske (f)	maskë fytyre (f)	[máskə fytýrɛ]
Maniküre (f)	manikyr (m)	[manikýr]
Maniküre machen	bëj manikyr	[bəj manikýr]
Pediküre (f)	pedikyr (m)	[pɛdikýr]

Kosmetiktasche (f)	çantë kozmetike (f)	[tʃántə kozmɛtíkɛ]
Puder (m)	pudër fytyre (f)	[púdər fytýrɛ]
Puderdose (f)	pudër kompakte (f)	[púdər kompáktɛ]
Rouge (n)	ruzh (m)	[ruʒ]

Parfüm (n)	parfum (m)	[parfúm]
Duftwasser (n)	parfum (m)	[parfúm]
Lotion (f)	krem (m)	[krɛm]
Kölnischwasser (n)	kolonjë (f)	[kolóɲə]

Lidschatten (m)	rimel (m)	[rimél]
Kajalstift (m)	laps për sy (m)	[láps pər sy]
Wimperntusche (f)	rimel (m)	[rimél]
Lippenstift (m)	buzëkuq (m)	[buzəkúc]

Nagellack (m)	llak për thonj (m)	[ɫak pər θóɲ]
Haarlack (m)	llak flokësh (m)	[ɫak flókəʃ]
Deodorant (n)	deodorant (m)	[dɛodoránt]

Creme (f)	krem (m)	[krɛm]
Gesichtscreme (f)	krem për fytyrë (m)	[krɛm pər fytýrə]
Handcreme (f)	krem për duar (m)	[krɛm pər dúar]
Anti-Falten-Creme (f)	krem kundër rrudhave (m)	[krɛm kúndər rúðavɛ]
Tagescreme (f)	krem dite (m)	[krɛm dítɛ]
Nachtcreme (f)	krem nate (m)	[krɛm nátɛ]
Tages-	dite	[dítɛ]
Nacht-	nate	[nátɛ]

Tampon (m)	tampon (m)	[tampón]
Toilettenpapier (n)	letër higjienike (f)	[létər hiɟiɛníkɛ]
Föhn (m)	tharëse flokësh (f)	[θárəsɛ flókəʃ]

34. Armbanduhren Uhren

Armbanduhr (f)	orë dore (f)	[órə dórɛ]
Zifferblatt (n)	faqe e orës (f)	[fácɛ ɛ órəs]
Zeiger (m)	akrep (m)	[akrép]
Metallarmband (n)	rrip metalik ore (m)	[rip mɛtalík órɛ]
Uhrenarmband (n)	rrip ore (m)	[rip órɛ]

Batterie (f)	bateri (f)	[batɛrí]
verbraucht sein	e shkarkuar	[ɛ ʃkarkúar]
die Batterie wechseln	ndërroj baterinë	[ndərój batɛrínə]
vorgehen (vi)	kalon shpejt	[kalón ʃpéjt]
nachgehen (vi)	ngel prapa	[ŋɛl prápa]

Wanduhr (f)	orë muri (f)	[órə múri]
Sanduhr (f)	orë rëre (f)	[órə rərɛ]
Sonnenuhr (f)	orë diellore (f)	[órə diɛɫórɛ]
Wecker (m)	orë me zile (f)	[órə mɛ zílɛ]
Uhrmacher (m)	orëndreqës (m)	[orəndrécəs]
reparieren (vt)	ndreq	[ndréc]

Essen. Ernährung

35. Essen

Fleisch (n)	mish (m)	[miʃ]
Hühnerfleisch (n)	pulë (f)	[púlə]
Küken (n)	mish pule (m)	[miʃ púlɛ]
Ente (f)	rosë (f)	[rósə]
Gans (f)	patë (f)	[pátə]
Wild (n)	gjah (m)	[ɟáh]
Pute (f)	mish gjel deti (m)	[miʃ ɟɛl déti]

Schweinefleisch (n)	mish derri (m)	[miʃ déri]
Kalbfleisch (n)	mish viçi (m)	[miʃ vítʃi]
Hammelfleisch (n)	mish qengji (m)	[miʃ cénɟi]
Rindfleisch (n)	mish lope (m)	[miʃ lópɛ]
Kaninchenfleisch (n)	mish lepuri (m)	[miʃ lépuri]

Wurst (f)	salsiçe (f)	[salsítʃɛ]
Würstchen (n)	salsiçe vjeneze (f)	[salsítʃɛ vjɛnézɛ]
Schinkenspeck (m)	proshutë (f)	[proʃútə]
Schinken (m)	sallam (m)	[saɫám]
Räucherschinken (m)	kofshë derri (f)	[kófʃə déri]

Pastete (f)	pate (f)	[paté]
Leber (f)	mëlçi (f)	[məltʃí]
Hackfleisch (n)	hamburger (m)	[hamburgér]
Zunge (f)	gjuhë (f)	[ɟúhə]

Ei (n)	ve (f)	[vɛ]
Eier (pl)	vezë (pl)	[vézə]
Eiweiß (n)	e bardhë veze (f)	[ɛ bárðə vézɛ]
Eigelb (n)	e verdhë veze (f)	[ɛ vérðə vézɛ]

Fisch (m)	peshk (m)	[pɛʃk]
Meeresfrüchte (pl)	fruta deti (pl)	[frúta déti]
Krebstiere (pl)	krustace (pl)	[krustátsɛ]
Kaviar (m)	havjar (m)	[havjár]

Krabbe (f)	gaforre (f)	[gafórɛ]
Garnele (f)	karkalec (m)	[karkaléts]
Auster (f)	midhje (f)	[míðjɛ]
Languste (f)	karavidhe (f)	[karavíðɛ]
Krake (m)	oktapod (m)	[oktapód]
Kalmar (m)	kallamarë (f)	[kaɫamárə]

Störfleisch (n)	bli (m)	[blí]
Lachs (m)	salmon (m)	[salmón]
Heilbutt (m)	shojzë e Atlantikut Verior (f)	[ʃójzə ɛ atlantíkut vɛriór]
Dorsch (m)	merluc (m)	[mɛrlúts]

Makrele (f)	skumbri (m)	[skúmbri]
Tunfisch (m)	tunë (f)	[túnə]
Aal (m)	ngjalë (f)	[nɟálə]
Forelle (f)	troftë (f)	[tróftə]
Sardine (f)	sardele (f)	[sardélɛ]
Hecht (m)	mlysh (m)	[mlýʃ]
Hering (m)	harengë (f)	[haréŋə]
Brot (n)	bukë (f)	[búkə]
Käse (m)	djath (m)	[djáθ]
Zucker (m)	sheqer (m)	[ʃɛcér]
Salz (n)	kripë (f)	[krípə]
Reis (m)	oriz (m)	[oríz]
Teigwaren (pl)	makarona (f)	[makaróna]
Nudeln (pl)	makarona petë (f)	[makaróna pétə]
Butter (f)	gjalp (m)	[ɟalp]
Pflanzenöl (n)	vaj vegjetal (m)	[vaj vɛɟɛtál]
Sonnenblumenöl (n)	vaj luledielli (m)	[vaj lulɛdiéɬi]
Margarine (f)	margarinë (f)	[margarínə]
Oliven (pl)	ullinj (pl)	[uɬíɲ]
Olivenöl (n)	vaj ulliri (m)	[vaj uɬíri]
Milch (f)	qumësht (m)	[cúməʃt]
Kondensmilch (f)	qumësht i kondensuar (m)	[cúməʃt i kondɛnsúar]
Joghurt (m)	kos (m)	[kos]
saure Sahne (f)	salcë kosi (f)	[sáɬtsə kosi]
Sahne (f)	krem qumështi (m)	[krɛm cúməʃti]
Mayonnaise (f)	majonezë (f)	[majonézə]
Buttercreme (f)	krem gjalpi (m)	[krɛm ɟálpi]
Grütze (f)	drithëra (pl)	[dríθəra]
Mehl (n)	miell (m)	[míɛɬ]
Konserven (pl)	konserva (f)	[konsérva]
Maisflocken (pl)	kornfleiks (m)	[kornfléiks]
Honig (m)	mjaltë (f)	[mjáltə]
Marmelade (f)	reçel (m)	[rɛtʃél]
Kaugummi (m, n)	çamçakëz (m)	[tʃamtʃakéz]

36. Getränke

Wasser (n)	ujë (m)	[újə]
Trinkwasser (n)	ujë i pijshëm (m)	[újə i píʃʃəm]
Mineralwasser (n)	ujë mineral (m)	[újə minɛrál]
still	ujë natyral	[újə natyrál]
mit Kohlensäure	ujë i karbonuar	[újə i karbonúar]
mit Gas	ujë i gazuar	[újə i gazúar]
Eis (n)	akull (m)	[ákuɬ]

mit Eis	me akull	[mɛ ákuɫ]
alkoholfrei (Adj)	jo alkoolik	[jo alkoolík]
alkoholfreies Getränk (n)	pije e lehtë (f)	[píjɛ ɛ léhtə]
Erfrischungsgetränk (n)	pije freskuese (f)	[píjɛ frɛskúɛsɛ]
Limonade (f)	limonadë (f)	[limonádə]

Spirituosen (pl)	likere (pl)	[likérɛ]
Wein (m)	verë (f)	[vérə]
Weißwein (m)	verë e bardhë (f)	[vérə ɛ bárðə]
Rotwein (m)	verë e kuqe (f)	[vérə ɛ kúcɛ]

Likör (m)	liker (m)	[likér]
Champagner (m)	shampanjë (f)	[ʃampáɲə]
Wermut (m)	vermut (m)	[vɛrmút]

Whisky (m)	uiski (m)	[víski]
Wodka (f)	vodkë (f)	[vódkə]
Gin (m)	xhin (m)	[dʒin]
Kognak (m)	konjak (m)	[koɲák]
Rum (m)	rum (m)	[rum]

Kaffee (m)	kafe (f)	[káfɛ]
schwarzer Kaffee (m)	kafe e zezë (f)	[káfɛ ɛ zézə]
Milchkaffee (m)	kafe me qumësht (m)	[káfɛ mɛ cúməʃt]
Cappuccino (m)	kapuçino (m)	[kaputʃíno]
Pulverkaffee (m)	neskafe (f)	[nɛskáfɛ]

Milch (f)	qumësht (m)	[cúməʃt]
Cocktail (m)	koktej (m)	[koktéj]
Milchcocktail (m)	milkshake (f)	[milkʃákɛ]

Saft (m)	lëng frutash (m)	[ləŋ frútaʃ]
Tomatensaft (m)	lëng domatesh (m)	[ləŋ domátɛʃ]
Orangensaft (m)	lëng portokalli (m)	[ləŋ portokáɫi]
frisch gepresster Saft (m)	lëng frutash i freskët (m)	[ləŋ frútaʃ i fréskət]

Bier (n)	birrë (f)	[bírə]
Helles (n)	birrë e lehtë (f)	[bírə ɛ léhtə]
Dunkelbier (n)	birrë e zezë (f)	[bírə ɛ zézə]

Tee (m)	çaj (m)	[tʃáj]
schwarzer Tee (m)	çaj i zi (m)	[tʃáj i zí]
grüner Tee (m)	çaj jeshil (m)	[tʃáj jɛʃíl]

37. Gemüse

Gemüse (n)	perime (pl)	[pɛrímɛ]
grünes Gemüse (pl)	zarzavate (pl)	[zarzavátɛ]

Tomate (f)	domate (f)	[domátɛ]
Gurke (f)	kastravec (m)	[kastravéts]
Karotte (f)	karotë (f)	[karótə]
Kartoffel (f)	patate (f)	[patátɛ]
Zwiebel (f)	qepë (f)	[cépə]

Knoblauch (m)	hudhër (f)	[húðər]
Kohl (m)	lakër (f)	[lákər]
Blumenkohl (m)	lulelakër (f)	[lulɛlákər]
Rosenkohl (m)	lakër Brukseli (f)	[lákər brukséli]
Brokkoli (m)	brokoli (m)	[brókoli]
Rote Bete (f)	panxhar (m)	[pandʒár]
Aubergine (f)	patëllxhan (m)	[patəɫdʒán]
Zucchini (f)	kungulleshë (m)	[kuŋuɫéʃə]
Kürbis (m)	kungull (m)	[kúŋuɫ]
Rübe (f)	rrepë (f)	[répə]
Petersilie (f)	majdanoz (m)	[majdanóz]
Dill (m)	kopër (f)	[kópər]
Kopf Salat (m)	sallatë jeshile (f)	[saɫátə jɛʃílɛ]
Sellerie (m)	selino (f)	[sɛlíno]
Spargel (m)	asparagus (m)	[asparágus]
Spinat (m)	spinaq (m)	[spinác]
Erbse (f)	bizele (f)	[bizélɛ]
Bohnen (pl)	fasule (f)	[fasúlɛ]
Mais (m)	misër (m)	[mísər]
weiße Bohne (f)	groshë (f)	[gróʃə]
Paprika (m)	spec (m)	[spɛts]
Radieschen (n)	rrepkë (f)	[répkə]
Artischocke (f)	angjinare (f)	[aɲɟinárɛ]

38. Obst. Nüsse

Frucht (f)	frut (m)	[frut]
Apfel (m)	mollë (f)	[móɫə]
Birne (f)	dardhë (f)	[dárðə]
Zitrone (f)	limon (m)	[limón]
Apfelsine (f)	portokall (m)	[portokáɫ]
Erdbeere (f)	luleshtrydhe (f)	[lulɛʃtrýðɛ]
Mandarine (f)	mandarinë (f)	[mandarínə]
Pflaume (f)	kumbull (f)	[kúmbuɫ]
Pfirsich (m)	pjeshkë (f)	[pjéʃkə]
Aprikose (f)	kajsi (f)	[kajsí]
Himbeere (f)	mjedër (f)	[mjédər]
Ananas (f)	ananas (m)	[ananás]
Banane (f)	banane (f)	[banánɛ]
Wassermelone (f)	shalqi (m)	[ʃalcí]
Weintrauben (pl)	rrush (m)	[ruʃ]
Sauerkirsche (f)	qershi vishnje (f)	[cɛrʃí víʃɲɛ]
Süßkirsche (f)	qershi (f)	[cɛrʃí]
Melone (f)	pjepër (m)	[pjépər]
Grapefruit (f)	grejpfrut (m)	[grɛjpfrút]
Avocado (f)	avokado (f)	[avokádo]
Papaya (f)	papaja (f)	[papája]

Mango (f)	mango (f)	[máŋo]
Granatapfel (m)	shegë (f)	[ʃégə]
rote Johannisbeere (f)	kaliboba e kuqe (f)	[kalibóba ɛ kúcɛ]
schwarze Johannisbeere (f)	kaliboba e zezë (f)	[kalibóba ɛ zézə]
Stachelbeere (f)	kulumbri (f)	[kulumbrí]
Heidelbeere (f)	boronicë (f)	[boronítsə]
Brombeere (f)	manaferra (f)	[manaféra]
Rosinen (pl)	rrush i thatë (m)	[ruʃ i θátə]
Feige (f)	fik (m)	[fik]
Dattel (f)	hurmë (f)	[húrmə]
Erdnuss (f)	kikirik (m)	[kikirík]
Mandel (f)	bajame (f)	[bajámɛ]
Walnuss (f)	arrë (f)	[árə]
Haselnuss (f)	lajthi (f)	[lajθí]
Kokosnuss (f)	arrë kokosi (f)	[árə kokósi]
Pistazien (pl)	fëstëk (m)	[fəsték]

39. Brot. Süßigkeiten

Konditorwaren (pl)	ëmbëlsira (pl)	[əmbəlsíra]
Brot (n)	bukë (f)	[búkə]
Keks (m, n)	biskota (pl)	[biskóta]
Schokolade (f)	çokollatë (f)	[tʃokołátə]
Schokoladen-Bonbon (m, n)	prej çokollate	[prɛj tʃokołátɛ]
	karamele (f)	[karamélɛ]
Kuchen (m)	kek (m)	[kék]
Torte (f)	tortë (f)	[tórtə]
Kuchen (Apfel-)	tortë (f)	[tórtə]
Füllung (f)	mbushje (f)	[mbúʃjɛ]
Konfitüre (f)	reçel (m)	[rɛtʃél]
Marmelade (f)	marmelatë (f)	[marmɛlátə]
Waffeln (pl)	vafera (pl)	[vaféra]
Eis (n)	akullore (f)	[akułórɛ]
Pudding (m)	puding (m)	[pudíŋ]

40. Gerichte

Gericht (n)	pjatë (f)	[pjátə]
Küche (f)	kuzhinë (f)	[kuʒínə]
Rezept (n)	recetë (f)	[rɛtsétə]
Portion (f)	racion (m)	[ratsión]
Salat (m)	sallatë (f)	[sałátə]
Suppe (f)	supë (f)	[súpə]
Brühe (f), Bouillon (f)	lëng mishi (m)	[ləŋ míʃi]
belegtes Brot (n)	sandviç (m)	[sandvítʃ]

Spiegelei (n)	vezë të skuqura (pl)	[vézə tə skúcura]
Hamburger (m)	hamburger	[hamburgér]
Beefsteak (n)	biftek (m)	[bifték]

Beilage (f)	garniturë (f)	[garnitúrə]
Spaghetti (pl)	shpageti (pl)	[ʃpagéti]
Kartoffelpüree (n)	pure patatesh (f)	[puré patátɛʃ]
Pizza (f)	pica (f)	[pítsa]
Brei (m)	qull (m)	[cuɫ]
Omelett (n)	omëletë (f)	[oməlétə]

gekocht	i zier	[i zíɛr]
geräuchert	i tymosur	[i tymósur]
gebraten	i skuqur	[i skúcur]
getrocknet	i tharë	[i θárə]
tiefgekühlt	i ngrirë	[i ŋrírə]
mariniert	i marinuar	[i marinúar]

süß	i ëmbël	[i émbəl]
salzig	i kripur	[i krípur]
kalt	i ftohtë	[i ftóhtə]
heiß	i nxehtë	[i ndzéhtə]
bitter	i hidhur	[i híður]
lecker	i shijshëm	[i ʃíjʃəm]

kochen (vt)	ziej	[zíɛj]
zubereiten (vt)	gatuaj	[gatúaj]
braten (vt)	skuq	[skuc]
aufwärmen (vt)	ngroh	[ŋróh]

salzen (vt)	hedh kripë	[hɛð krípə]
pfeffern (vt)	hedh piper	[hɛð pipér]
reiben (vt)	rendoj	[rɛndój]
Schale (f)	lëkurë (f)	[ləkúrə]
schälen (vt)	qëroj	[cərój]

41. Gewürze

Salz (n)	kripë (f)	[krípə]
salzig (Adj)	i kripur	[i krípur]
salzen (vt)	hedh kripë	[hɛð krípə]

schwarzer Pfeffer (m)	piper i zi (m)	[pipér i zi]
roter Pfeffer (m)	piper i kuq (m)	[pipér i kuc]
Senf (m)	mustardë (f)	[mustárdə]
Meerrettich (m)	rrepë djegëse (f)	[répə djégəsɛ]

Gewürz (n)	salcë (f)	[sáltsə]
Gewürz (n)	erëz (f)	[érəz]
Soße (f)	salcë (f)	[sáltsə]
Essig (m)	uthull (f)	[úθuɫ]

Anis (m)	anisetë (f)	[anisétə]
Basilikum (n)	borzilok (m)	[borzilók]

Nelke (f)	karafil (m)	[karafíl]
Ingwer (m)	xhenxhefil (m)	[dʒɛndʒɛfíl]
Koriander (m)	koriandër (m)	[koriándər]
Zimt (m)	kanellë (f)	[kanéɫə]

Sesam (m)	susam (m)	[susám]
Lorbeerblatt (n)	gjeth dafine (m)	[ɟɛθ dafínɛ]
Paprika (m)	spec (m)	[spɛts]
Kümmel (m)	kumin (m)	[kumín]
Safran (m)	shafran (m)	[ʃafrán]

42. Mahlzeiten

| Essen (n) | ushqim (m) | [uʃcím] |
| essen (vi, vt) | ha | [ha] |

Frühstück (n)	mëngjes (m)	[mənɟés]
frühstücken (vi)	ha mëngjes	[ha mənɟés]
Mittagessen (n)	drekë (f)	[drékə]
zu Mittag essen	ha drekë	[ha drékə]
Abendessen (n)	darkë (f)	[dárkə]
zu Abend essen	ha darkë	[ha dárkə]

| Appetit (m) | oreks (m) | [oréks] |
| Guten Appetit! | Të bëftë mirë! | [tə bəftə mírə!] |

öffnen (vt)	hap	[hap]
verschütten (vt)	derdh	[dérð]
verschüttet werden	derdhje	[dérðjɛ]

kochen (vi)	ziej	[zíɛj]
kochen (Wasser ~)	ziej	[zíɛj]
gekocht (Adj)	i zier	[i zíɛr]
kühlen (vt)	ftoh	[ftoh]
abkühlen (vi)	ftohje	[ftóhjɛ]

| Geschmack (m) | shije (f) | [ʃíjɛ] |
| Beigeschmack (m) | shije (f) | [ʃíjɛ] |

auf Diät sein	dobësohem	[dobəsóhɛm]
Diät (f)	dietë (f)	[diétə]
Vitamin (n)	vitaminë (f)	[vitamínə]
Kalorie (f)	kalori (f)	[kalorí]

| Vegetarier (m) | vegjetarian (m) | [vɛɟɛtarián] |
| vegetarisch (Adj) | vegjetarian | [vɛɟɛtarián] |

Fett (n)	yndyrë (f)	[yndýrə]
Protein (n)	proteinë (f)	[protɛínə]
Kohlenhydrat (n)	karbohidrat (m)	[karbohidrát]

Scheibchen (n)	fetë (f)	[fétə]
Stück (ein ~ Kuchen)	copë (f)	[tsópə]
Krümel (m)	dromcë (f)	[drómtsə]

43. Gedeck

Löffel (m)	lugë (f)	[lúgə]
Messer (n)	thikë (f)	[θíkə]
Gabel (f)	pirun (m)	[pirún]
Tasse (eine ~ Tee)	filxhan (m)	[fildʒán]
Teller (m)	pjatë (f)	[pjátə]
Untertasse (f)	pjatë filxhani (f)	[pjátə fildʒáni]
Serviette (f)	pecetë (f)	[pɛtsétə]
Zahnstocher (m)	kruajtëse dhëmbësh (f)	[krúajtəsɛ ðə́mbəʃ]

44. Restaurant

Restaurant (n)	restorant (m)	[rɛstoránt]
Kaffeehaus (n)	kafene (f)	[kafɛné]
Bar (f)	pab (m), pijetore (f)	[pab], [pijɛtórɛ]
Teesalon (m)	çajtore (f)	[tʃajtórɛ]
Kellner (m)	kamerier (m)	[kamɛriér]
Kellnerin (f)	kameriere (f)	[kamɛriérɛ]
Barmixer (m)	banakier (m)	[banakiér]
Speisekarte (f)	menu (f)	[mɛnú]
Weinkarte (f)	menu verërash (f)	[mɛnú vérəraʃ]
einen Tisch reservieren	rezervoj një tavolinë	[rɛzɛrvój ɲə tavolínə]
Gericht (n)	pjatë (f)	[pjátə]
bestellen (vt)	porosis	[porosís]
eine Bestellung aufgeben	bëj porosinë	[bəj porosínə]
Aperitif (m)	aperitiv (m)	[apɛritív]
Vorspeise (f)	antipastë (f)	[antipástə]
Nachtisch (m)	ëmbëlsirë (f)	[əmbəlsírə]
Rechnung (f)	faturë (f)	[fatúrə]
Rechnung bezahlen	paguaj faturën	[pagúaj fatúrən]
das Wechselgeld geben	jap kusur	[jap kusúr]
Trinkgeld (n)	bakshish (m)	[bakʃíʃ]

Familie, Verwandte und Freunde

45. Persönliche Informationen. Formulare

Vorname (m)	emër (m)	[émər]
Name (m)	mbiemër (m)	[mbiémər]
Geburtsdatum (n)	datëlindje (f)	[datəlíndjɛ]
Geburtsort (m)	vendlindje (f)	[vɛndlíndjɛ]
Nationalität (f)	kombësi (f)	[kombəsí]
Wohnort (m)	vendbanim (m)	[vɛndbaním]
Land (n)	shtet (m)	[ʃtɛt]
Beruf (m)	profesion (m)	[profɛsión]
Geschlecht (n)	gjinia (f)	[ɟinía]
Größe (f)	gjatësia (f)	[ɟatəsía]
Gewicht (n)	peshë (f)	[péʃə]

46. Familienmitglieder. Verwandte

Mutter (f)	nënë (f)	[nénə]
Vater (m)	baba (f)	[babá]
Sohn (m)	bir (m)	[biɾ]
Tochter (f)	bijë (f)	[bíjə]
jüngste Tochter (f)	vajza e vogël (f)	[vájza ɛ vógəl]
jüngste Sohn (m)	djali i vogël (m)	[djáli i vógəl]
ältere Tochter (f)	vajza e madhe (f)	[vájza ɛ máðɛ]
älterer Sohn (m)	djali i vogël (m)	[djáli i vógəl]
Bruder (m)	vëlla (m)	[vəɫá]
älterer Bruder (m)	vëllai i madh (m)	[vəɫái i mað]
jüngerer Bruder (m)	vëllai i vogël (m)	[vəɫai i vógəl]
Schwester (f)	motër (f)	[mótər]
ältere Schwester (f)	motra e madhe (f)	[mótra ɛ máðɛ]
jüngere Schwester (f)	motra e vogël (f)	[mótra ɛ vógəl]
Cousin (m)	kushëri (m)	[kuʃərí]
Cousine (f)	kushërirë (f)	[kuʃərírə]
Mama (f)	mami (f)	[mámi]
Papa (m)	babi (m)	[bábi]
Eltern (pl)	prindër (pl)	[príndər]
Kind (n)	fëmijë (f)	[fəmíjə]
Kinder (pl)	fëmijë (pl)	[fəmíjə]
Großmutter (f)	gjyshe (f)	[ɟýʃɛ]
Großvater (m)	gjysh (m)	[ɟyʃ]

Enkel (m)	nip (m)	[nip]
Enkelin (f)	mbesë (f)	[mbésə]
Enkelkinder (pl)	nipër e mbesa (pl)	[nípər ɛ mbésa]

Onkel (m)	dajë (f)	[dájə]
Tante (f)	teze (f)	[tézɛ]
Neffe (m)	nip (m)	[nip]
Nichte (f)	mbesë (f)	[mbésə]

Schwiegermutter (f)	vjehrrë (f)	[vjéhrə]
Schwiegervater (m)	vjehrri (m)	[vjéhri]
Schwiegersohn (m)	dhëndër (m)	[ðéndər]
Stiefmutter (f)	njerkë (f)	[ɲérkə]
Stiefvater (m)	njerk (m)	[ɲérk]

Säugling (m)	foshnjë (f)	[fóʃnə]
Kleinkind (n)	fëmijë (f)	[fəmíjə]
Kleine (m)	djalosh (m)	[djalóʃ]

Frau (f)	bashkëshorte (f)	[baʃkəʃórtɛ]
Mann (m)	bashkëshort (m)	[baʃkəʃórt]
Ehemann (m)	bashkëshort (m)	[baʃkəʃórt]
Gemahlin (f)	bashkëshorte (f)	[baʃkəʃórtɛ]

verheiratet (Ehemann)	i martuar	[i martúar]
verheiratet (Ehefrau)	e martuar	[ɛ martúar]
ledig	beqar	[bɛcár]
Junggeselle (m)	beqar (m)	[bɛcár]
geschieden (Adj)	i divorcuar	[i divortsúar]
Witwe (f)	vejushë (f)	[vɛjúʃə]
Witwer (m)	vejan (m)	[vɛján]

Verwandte (m)	kushëri (m)	[kuʃərí]
naher Verwandter (m)	kushëri i afërt (m)	[kuʃərí i áfərt]
entfernter Verwandter (m)	kushëri i largët (m)	[kuʃərí i lárgət]
Verwandte (pl)	kushërinj (pl)	[kuʃəríɲ]

Waisenjunge (m)	jetim (m)	[jɛtím]
Waisenmädchen (f)	jetime (f)	[jɛtímɛ]
Vormund (m)	kujdestar (m)	[kujdɛstár]
adoptieren (einen Jungen)	adoptoj	[adoptój]
adoptieren (ein Mädchen)	adoptoj	[adoptój]

Medizin

47. Krankheiten

Krankheit (f)	sëmundje (f)	[səmúndjɛ]
krank sein	jam sëmurë	[jam səmúrə]
Gesundheit (f)	shëndet (m)	[ʃəndét]
Schnupfen (m)	rrifë (f)	[rífə]
Angina (f)	grykët (m)	[grýkət]
Erkältung (f)	ftohje (f)	[ftóhjɛ]
sich erkälten	ftohem	[ftóhɛm]
Bronchitis (f)	bronkit (m)	[bronkít]
Lungenentzündung (f)	pneumoni (f)	[pnɛumoní]
Grippe (f)	grip (m)	[grip]
kurzsichtig	miop	[mióp]
weitsichtig	presbit	[prɛsbít]
Schielen (n)	strabizëm (m)	[strabízəm]
schielend (Adj)	strabik	[strabík]
grauer Star (m)	katarakt (m)	[katarákt]
Glaukom (n)	glaukoma (f)	[glaukóma]
Schlaganfall (m)	goditje (f)	[godítjɛ]
Infarkt (m)	sulm në zemër (m)	[sulm nə zémər]
Herzinfarkt (m)	infarkt miokardiak (m)	[infárkt miokardiák]
Lähmung (f)	paralizë (f)	[paralízə]
lähmen (vt)	paralizoj	[paralizój]
Allergie (f)	alergji (f)	[alɛrɟí]
Asthma (n)	astmë (f)	[ástmə]
Diabetes (m)	diabet (m)	[diabét]
Zahnschmerz (m)	dhimbje dhëmbi (f)	[ðímbjɛ ðémbi]
Karies (f)	karies (m)	[kariés]
Durchfall (m)	diarre (f)	[diaré]
Verstopfung (f)	kapsllëk (m)	[kapsɬék]
Magenverstimmung (f)	dispepsi (f)	[dispɛpsí]
Vergiftung (f)	helmim (m)	[hɛlmím]
Vergiftung bekommen	helmohem nga ushqimi	[hɛlmóhɛm ŋa uʃcími]
Arthritis (f)	artrit (m)	[artrít]
Rachitis (f)	rakit (m)	[rakít]
Rheumatismus (m)	reumatizëm (m)	[rɛumatízəm]
Atherosklerose (f)	arteriosklerozë (f)	[artɛriosklɛrózə]
Gastritis (f)	gastrit (m)	[gastrít]
Blinddarmentzündung (f)	apendicit (m)	[apɛnditsít]

Cholezystitis (f)	kolecistit (m)	[kolɛtsistít]
Geschwür (n)	ulcerë (f)	[ultsérə]

Masern (pl)	fruth (m)	[fruθ]
Röteln (pl)	rubeola (f)	[rubɛóla]
Gelbsucht (f)	verdhëza (f)	[vérðəza]
Hepatitis (f)	hepatit (m)	[hɛpatít]

Schizophrenie (f)	skizofreni (f)	[skizofrɛní]
Tollwut (f)	sëmundje e tërbimit (f)	[səmúndjɛ ɛ tərbímit]
Neurose (f)	neurozë (f)	[nɛurózə]
Gehirnerschütterung (f)	tronditje (f)	[trondítjɛ]

Krebs (m)	kancer (m)	[kantsér]
Sklerose (f)	sklerozë (f)	[sklɛrózə]
multiple Sklerose (f)	sklerozë e shumëfishtë (f)	[sklɛrózə ɛ ʃuməfíʃtə]

Alkoholismus (m)	alkoolizëm (m)	[alkoolízəm]
Alkoholiker (m)	alkoolik (m)	[alkoolík]
Syphilis (f)	sifiliz (m)	[sifilíz]
AIDS	SIDA (f)	[sída]

Tumor (m)	tumor (m)	[tumór]
bösartig	malinj	[malíɲ]
gutartig	beninj	[bɛníɲ]

Fieber (n)	ethe (f)	[éθɛ]
Malaria (f)	malarie (f)	[malaríɛ]
Gangrän (f, n)	gangrenë (f)	[gaŋrénə]
Seekrankheit (f)	sëmundje deti (f)	[səmúndjɛ déti]
Epilepsie (f)	epilepsi (f)	[ɛpilɛpsí]

Epidemie (f)	epidemi (f)	[ɛpidɛmí]
Typhus (m)	tifo (f)	[tífo]
Tuberkulose (f)	tuberkuloz (f)	[tubɛrkulóz]
Cholera (f)	kolerë (f)	[kolérə]
Pest (f)	murtaja (f)	[murtája]

48. Symptome. Behandlungen. Teil 1

Symptom (n)	simptomë (f)	[simptómə]
Temperatur (f)	temperaturë (f)	[tɛmpɛratúrə]
Fieber (n)	temperaturë e lartë (f)	[tɛmpɛratúrə ɛ lártə]
Puls (m)	puls (m)	[puls]

Schwindel (m)	marrje mendsh (m)	[márjɛ méndʃ]
heiß (Stirne usw.)	i nxehtë	[i ndzéhtə]
Schüttelfrost (m)	drithërima (f)	[driθəríma]
blass (z.B. -es Gesicht)	i zbehur	[i zbéhur]

Husten (m)	kollë (f)	[kółə]
husten (vi)	kollitem	[kołítɛm]
niesen (vi)	teshtij	[tɛʃtíj]
Ohnmacht (f)	të fikët (f)	[tə fíkət]

Deutsch	Albanisch	Aussprache
ohnmächtig werden	bie të fikët	[bíɛ tə fíkət]
blauer Fleck (m)	mavijosje (f)	[mavijósjɛ]
Beule (f)	gungë (f)	[gúŋə]
sich stoßen	godas	[godás]
Prellung (f)	lëndim (m)	[ləndím]
sich stoßen	lëndohem	[ləndóhɛm]
hinken (vi)	çaloj	[tʃalój]
Verrenkung (f)	dislokim (m)	[dislokím]
ausrenken (vt)	del nga vendi	[dɛl ŋa véndi]
Fraktur (f)	thyerje (f)	[θýɛrjɛ]
brechen (Arm usw.)	thyej	[θýɛj]
Schnittwunde (f)	e prerë (f)	[ɛ prérə]
sich schneiden	pres veten	[prɛs vétɛn]
Blutung (f)	rrjedhje gjaku (f)	[rjéðjɛ ɟáku]
Verbrennung (f)	djegie (f)	[djégiɛ]
sich verbrennen	digjem	[díɟɛm]
stechen (vt)	shpoj	[ʃpoj]
sich stechen	shpohem	[ʃpóhɛm]
verletzen (vt)	dëmtoj	[dəmtój]
Verletzung (f)	dëmtim (m)	[dəmtím]
Wunde (f)	plagë (f)	[plágə]
Trauma (n)	traumë (f)	[traúmə]
irrereden (vi)	fol përçart	[fól pərtʃárt]
stottern (vi)	belbëzoj	[bɛlbəzój]
Sonnenstich (m)	pikë e diellit (f)	[píkə ɛ diɛ́ɬit]

49. Symptome. Behandlungen. Teil 2

Deutsch	Albanisch	Aussprache
Schmerz (m)	dhimbje (f)	[ðímbjɛ]
Splitter (m)	cifël (f)	[tsífəl]
Schweiß (m)	djersë (f)	[djérsə]
schwitzen (vi)	djersij	[djɛrsíj]
Erbrechen (n)	të vjella (f)	[tə vjéɬa]
Krämpfe (pl)	konvulsione (f)	[konvulsiónɛ]
schwanger	shtatzënë	[ʃtatzə́nə]
geboren sein	lind	[lind]
Geburt (f)	lindje (f)	[líndjɛ]
gebären (vt)	sjell në jetë	[sjɛɬ nə jétə]
Abtreibung (f)	abort (m)	[abórt]
Atem (m)	frymëmarrje (f)	[fryməmárjɛ]
Atemzug (m)	mbajtje e frymës (f)	[mbájtjɛ ɛ frýməs]
Ausatmung (f)	lëshim i frymës (m)	[ləʃím i frýməs]
ausatmen (vt)	nxjerr frymën	[ndzjér frýmən]
einatmen (vt)	marr frymë	[mar frýmə]
Invalide (m)	invalid (m)	[invalíd]
Krüppel (m)	i gjymtuar (m)	[i ɟymtúar]

Drogenabhängiger (m)	narkoman (m)	[narkomán]
taub	shurdh	[ʃurð]
stumm	memec	[mɛméts]
taubstumm	shurdh-memec	[ʃurð-mɛméts]

verrückt (Adj)	i marrë	[i márə]
Irre (m)	i çmendur (m)	[i tʃméndur]
Irre (f)	e çmendur (f)	[ɛ tʃméndur]
den Verstand verlieren	çmendem	[tʃméndɛm]

Gen (n)	gen (m)	[gɛn]
Immunität (f)	imunitet (m)	[imunitét]
erblich	e trashëguar	[ɛ traʃəgúar]
angeboren	e lindur	[ɛ líndur]

Virus (m, n)	virus (m)	[virús]
Mikrobe (f)	mikrob (m)	[mikrób]
Bakterie (f)	bakterie (f)	[baktériɛ]
Infektion (f)	infeksion (m)	[infɛksión]

50. Symptome. Behandlungen. Teil 3

Krankenhaus (n)	spital (m)	[spitál]
Patient (m)	pacient (m)	[patsiént]

Diagnose (f)	diagnozë (f)	[diagnózə]
Heilung (f)	kurë (f)	[kúrə]
Behandlung (f)	trajtim mjekësor (m)	[trajtím mjɛkəsór]
Behandlung bekommen	kurohem	[kuróhɛm]
behandeln (vt)	kuroj	[kurój]
pflegen (Kranke)	kujdesem	[kujdésɛm]
Pflege (f)	kujdes (m)	[kujdés]

Operation (f)	operacion (m)	[opɛratsión]
verbinden (vt)	fashoj	[faʃój]
Verband (m)	fashim (m)	[faʃím]

Impfung (f)	vaksinim (m)	[vaksiním]
impfen (vt)	vaksinoj	[vaksinój]
Spritze (f)	injeksion (m)	[iɲɛksión]
eine Spritze geben	bëj injeksion	[bəj iɲɛksíon]

Anfall (m)	atak (m)	[aták]
Amputation (f)	amputim (m)	[amputím]
amputieren (vt)	amputoj	[amputój]
Koma (n)	komë (f)	[kómə]
im Koma liegen	jam në komë	[jam nə kómə]
Reanimation (f)	kujdes intensiv (m)	[kujdés intɛnsív]

genesen von ... (vi)	shërohem	[ʃəróhɛm]
Zustand (m)	gjendje (f)	[ɟéndjɛ]
Bewusstsein (n)	vetëdije (f)	[vɛtədíjɛ]
Gedächtnis (n)	kujtesë (f)	[kujtésə]
ziehen (einen Zahn ~)	heq	[hɛc]

| Plombe (f) | mbushje (f) | [mbúʃɛ] |
| plombieren (vt) | mbush | [mbúʃ] |

| Hypnose (f) | hipnozë (f) | [hipnózə] |
| hypnotisieren (vt) | hipnotizim | [hipnotizím] |

51. Ärzte

Arzt (m)	mjek (m)	[mjék]
Krankenschwester (f)	infermiere (f)	[infɛrmiérɛ]
Privatarzt (m)	mjek personal (m)	[mjék pɛrsonál]

Zahnarzt (m)	dentist (m)	[dɛntíst]
Augenarzt (m)	okulist (m)	[okulíst]
Internist (m)	mjek i përgjithshëm (m)	[mjék i pərɟíθʃəm]
Chirurg (m)	kirurg (m)	[kirúrg]

Psychiater (m)	psikiatër (m)	[psikiátər]
Kinderarzt (m)	pediatër (m)	[pɛdiátər]
Psychologe (m)	psikolog (m)	[psikológ]
Frauenarzt (m)	gjinekolog (m)	[ɟinɛkológ]
Kardiologe (m)	kardiolog (m)	[kardiológ]

52. Medizin. Medikamente. Accessoires

Arznei (f)	ilaç (m)	[ilátʃ]
Heilmittel (n)	mjekim (m)	[mjɛkím]
verschreiben (vt)	shkruaj recetë	[ʃkrúaj rɛtsétə]
Rezept (n)	recetë (f)	[rɛtsétə]

Tablette (f)	pilulë (f)	[pilúlə]
Salbe (f)	krem (m)	[krɛm]
Ampulle (f)	ampulë (f)	[ampúlə]
Mixtur (f)	përzierje (f)	[pərzíɛrjɛ]
Sirup (m)	shurup (m)	[ʃurúp]
Pille (f)	pilulë (f)	[pilúlə]
Pulver (n)	pudër (f)	[púdər]

Verband (m)	fashë garze (f)	[faʃə gárzɛ]
Watte (f)	pambuk (m)	[pambúk]
Jod (n)	jod (m)	[jod]

Pflaster (n)	leukoplast (m)	[lɛukoplást]
Pipette (f)	pikatore (f)	[pikatórɛ]
Thermometer (n)	termometër (m)	[tɛrmométər]
Spritze (f)	shiringë (f)	[ʃiríŋə]

| Rollstuhl (m) | karrocë me rrota (f) | [karótsə mɛ róta] |
| Krücken (pl) | paterica (f) | [patɛrítsa] |

| Betäubungsmittel (n) | qetësues (m) | [cɛtəsúɛs] |
| Abführmittel (n) | laksativ (m) | [laksatív] |

Spiritus (m) alkool dezinfektues (m) [alkoól dɛzinfɛktúɛs]
Heilkraut (n) bimë mjekësore (f) [bímə mjɛkəsórɛ]
Kräuter- (z.B. Kräutertee) çaj bimor [tʃáj bimór]

LEBENSRAUM DES MENSCHEN

Stadt

53. Stadt. Leben in der Stadt

Deutsch	Albanisch	Aussprache
Stadt (f)	qytet (m)	[cytét]
Hauptstadt (f)	kryeqytet (m)	[kryɛcytét]
Dorf (n)	fshat (m)	[fʃát]
Stadtplan (m)	hartë e qytetit (f)	[hártə ɛ cytétit]
Stadtzentrum (n)	qendër e qytetit (f)	[céndər ɛ cytétit]
Vorort (m)	periferi (f)	[pɛrifɛrí]
Vorort-	periferik	[pɛrifɛrík]
Stadtrand (m)	periferia (f)	[pɛrifɛría]
Umgebung (f)	periferia (f)	[pɛrifɛría]
Stadtviertel (n)	bllok pallatesh (m)	[bɫók paɫátɛʃ]
Wohnblock (m)	bllok banimi (m)	[bɫók baními]
Straßenverkehr (m)	trafik (m)	[trafík]
Ampel (f)	semafor (m)	[sɛmafór]
Stadtverkehr (m)	transport publik (m)	[transpórt publík]
Straßenkreuzung (f)	kryqëzim (m)	[krycəzím]
Übergang (m)	kalim për këmbësorë (m)	[kalím pər kəmbəsórə]
Fußgängerunterführung (f)	nënkalim për këmbësorë (m)	[nənkalím pər kəmbəsórə]
überqueren (vt)	kapërcej	[kapərtséj]
Fußgänger (m)	këmbësor (m)	[kəmbəsór]
Gehweg (m)	trotuar (m)	[trotuár]
Brücke (f)	urë (f)	[úrə]
Kai (m)	breg lumi (m)	[brɛg lúmi]
Springbrunnen (m)	shatërvan (m)	[ʃatərván]
Allee (f)	rrugëz (m)	[rúgəz]
Park (m)	park (m)	[park]
Boulevard (m)	bulevard (m)	[bulɛvárd]
Platz (m)	shesh (m)	[ʃɛʃ]
Avenue (f)	bulevard (m)	[bulɛvárd]
Straße (f)	rrugë (f)	[rúgə]
Gasse (f)	rrugë dytësore (f)	[rúgə dytəsórɛ]
Sackgasse (f)	rrugë pa krye (f)	[rúgə pa krýɛ]
Haus (n)	shtëpi (f)	[ʃtəpí]
Gebäude (n)	ndërtesë (f)	[ndərtésə]
Wolkenkratzer (m)	qiellgërvishtës (m)	[ciɛɫgərvíʃtəs]
Fassade (f)	fasadë (f)	[fasádə]
Dach (n)	çati (f)	[tʃatí]

Fenster (n)	dritare (f)	[dritárɛ]
Bogen (m)	hark (m)	[hárk]
Säule (f)	kolonë (f)	[kolónə]
Ecke (f)	kënd (m)	[kénd]

Schaufenster (n)	vitrinë (f)	[vitrínə]
Firmenschild (n)	tabelë (f)	[tabélə]
Anschlag (m)	poster (m)	[postér]
Werbeposter (m)	afishe reklamuese (f)	[afíʃɛ rɛklamúɛsɛ]
Werbeschild (n)	tabelë reklamash (f)	[tabélə rɛklámaʃ]

Müll (m)	plehra (f)	[pléhra]
Mülleimer (m)	kosh plehrash (m)	[koʃ pléhraʃ]
Abfall wegwerfen	hedh mbeturina	[hɛð mbɛturína]
Mülldeponie (f)	deponi plehrash (f)	[dɛponí pléhraʃ]

Telefonzelle (f)	kabinë telefonike (f)	[kabínə tɛlɛfoníkɛ]
Straßenlaterne (f)	shtyllë dritash (f)	[ʃtýɫə drítaʃ]
Bank (Park-)	stol (m)	[stol]

Polizist (m)	polic (m)	[políts]
Polizei (f)	polici (f)	[politsí]
Bettler (m)	lypës (m)	[lýpəs]
Obdachlose (m)	i pastrehë (m)	[i pastréhə]

54. Innerstädtische Einrichtungen

Laden (m)	dyqan (m)	[dycán]
Apotheke (f)	farmaci (f)	[farmatsí]
Optik (f)	optikë (f)	[optíkə]
Einkaufszentrum (n)	qendër tregtare (f)	[céndər trɛgtárɛ]
Supermarkt (m)	supermarket (m)	[supɛrmarkét]

Bäckerei (f)	furrë (f)	[fúrə]
Bäcker (m)	furrtar (m)	[furtár]
Konditorei (f)	pastiçeri (f)	[pastitʃɛrí]
Lebensmittelladen (m)	dyqan ushqimor (m)	[dycán uʃcimór]
Metzgerei (f)	dyqan mishi (m)	[dycán míʃi]

Gemüseladen (m)	dyqan fruta-perimesh (m)	[dycán frúta-pɛrímɛʃ]
Markt (m)	treg (m)	[trɛg]

Kaffeehaus (n)	kafene (f)	[kafɛné]
Restaurant (n)	restorant (m)	[rɛstoránt]
Bierstube (f)	pab (m), pijetore (f)	[pab], [pijɛtórɛ]
Pizzeria (f)	piceri (f)	[pitsɛrí]

Friseursalon (m)	parukeri (f)	[parukɛrí]
Post (f)	zyrë postare (f)	[zýrə postárɛ]
chemische Reinigung (f)	pastrim kimik (m)	[pastrím kimík]
Fotostudio (n)	studio fotografike (f)	[stúdio fotografíkɛ]

Schuhgeschäft (n)	dyqan këpucësh (m)	[dycán kəpútsəʃ]
Buchhandlung (f)	librari (f)	[librarí]

Sportgeschäft (n)	dyqan me mallra sportivë (m)	[dycán mɛ mátra sportívə]
Kleiderreparatur (f)	rrobaqepësi (f)	[robacɛpəsí]
Bekleidungsverleih (m)	dyqan veshjesh me qira (m)	[dycán véʃjɛʃ mɛ cirá]
Videothek (f)	dyqan videosh me qira (m)	[dycán vídɛoʃ mɛ cirá]
Zirkus (m)	cirk (m)	[tsírk]
Zoo (m)	kopsht zoologjik (m)	[kópʃt zooloɟík]
Kino (n)	kinema (f)	[kinɛmá]
Museum (n)	muze (m)	[muzé]
Bibliothek (f)	bibliotekë (f)	[bibliotékə]
Theater (n)	teatër (m)	[tɛátər]
Opernhaus (n)	opera (f)	[opéra]
Nachtklub (m)	klub nate (m)	[klúb nátɛ]
Kasino (n)	kazino (f)	[kazíno]
Moschee (f)	xhami (f)	[dʒamí]
Synagoge (f)	sinagogë (f)	[sinagógə]
Kathedrale (f)	katedrale (f)	[katɛdrálɛ]
Tempel (m)	tempull (m)	[témpuɫ]
Kirche (f)	kishë (f)	[kíʃə]
Institut (n)	kolegj (m)	[koléɟ]
Universität (f)	universitet (m)	[univɛrsitét]
Schule (f)	shkollë (f)	[ʃkóɫə]
Präfektur (f)	prefekturë (f)	[prɛfɛktúrə]
Rathaus (n)	bashki (f)	[baʃkí]
Hotel (n)	hotel (m)	[hotél]
Bank (f)	bankë (f)	[bánkə]
Botschaft (f)	ambasadë (f)	[ambasádə]
Reisebüro (n)	agjenci udhëtimesh (f)	[aɟɛntsí uðətímɛʃ]
Informationsbüro (n)	zyrë informacioni (f)	[zýre informatsióni]
Wechselstube (f)	këmbim valutor (m)	[kəmbím valutór]
U-Bahn (f)	metro (f)	[mɛtró]
Krankenhaus (n)	spital (m)	[spitál]
Tankstelle (f)	pikë karburanti (f)	[píkə karburánti]
Parkplatz (m)	parking (m)	[parkíŋ]

55. Schilder

Firmenschild (n)	tabelë (f)	[tabélə]
Aufschrift (f)	njoftim (m)	[ɲoftím]
Plakat (n)	poster (m)	[postér]
Wegweiser (m)	tabelë drejtuese (f)	[tabélə drɛjtúɛsɛ]
Pfeil (m)	shigjetë (f)	[ʃiɟétə]
Vorsicht (f)	kujdes (m)	[kujdés]
Warnung (f)	shenjë paralajmëruese (f)	[ʃéɲə paralajmərúɛsɛ]
warnen (vt)	paralajmëroj	[paralajmərój]

freier Tag (m)	ditë pushimi (f)	[dítə puʃími]
Fahrplan (m)	orar (m)	[orár]
Öffnungszeiten (pl)	orari i punës (m)	[orári i púnəs]
HERZLICH WILLKOMMEN!	MIRË SE VINI!	[mírə sɛ víni!]
EINGANG	HYRJE	[hýrjɛ]
AUSGANG	DALJE	[dáljɛ]
DRÜCKEN	SHTY	[ʃty]
ZIEHEN	TËRHIQ	[tərhíc]
GEÖFFNET	HAPUR	[hápur]
GESCHLOSSEN	MBYLLUR	[mbýɫur]
DAMEN, FRAUEN	GRA	[gra]
HERREN, MÄNNER	BURRA	[búra]
AUSVERKAUF	ZBRITJE	[zbrítjɛ]
REDUZIERT	ULJE	[úljɛ]
NEU!	TË REJA!	[tə réja!]
GRATIS	FALAS	[fálas]
ACHTUNG!	KUJDES!	[kujdés!]
ZIMMER BELEGT	NUK KA VENDE TË LIRA	[nuk ka véndɛ tə líra]
RESERVIERT	E REZERVUAR	[ɛ rɛzɛrvúar]
VERWALTUNG	ADMINISTRATA	[administráta]
NUR FÜR PERSONAL	VETËM PËR STAFIN	[vétəm pər stáfin]
VORSICHT BISSIGER HUND	RUHUNI NGA QENI!	[rúhuni ŋa céni!]
RAUCHEN VERBOTEN!	NDALOHET DUHANI	[ndalóhɛt duháni]
BITTE NICHT BERÜHREN	MOS PREK!	[mos prék!]
GEFÄHRLICH	TË RREZIKSHME	[tə rɛzíkʃmɛ]
VORSICHT!	RREZIK	[rɛzík]
HOCHSPANNUNG	TENSION I LARTË	[tɛnsión i lártə]
BADEN VERBOTEN	NUK LEJOHET NOTI!	[nuk lɛjóhɛt nóti!]
AUßER BETRIEB	E PRISHUR	[ɛ príʃur]
LEICHTENTZÜNDLICH	LËNDË DJEGËSE	[ləndə djégəsɛ]
VERBOTEN	E NDALUAR	[ɛ ndalúar]
DURCHGANG VERBOTEN	NDALOHET HYRJA	[ndalóhɛt hýrja]
FRISCH GESTRICHEN	BOJË E FRESKËT	[bójə ɛ fréskət]

56. Innerstädtischer Transport

Bus (m)	autobus (m)	[autobús]
Straßenbahn (f)	tramvaj (m)	[tramváj]
Obus (m)	autobus tramvaj (m)	[autobús tramváj]
Linie (f)	itinerar (m)	[itinɛrár]
Nummer (f)	numër (m)	[númər]
mit ... fahren	udhëtoj me ...	[uðətój mɛ ...]
einsteigen (vi)	hip	[hip]

aussteigen (aus dem Bus)	zbres ...	[zbrɛs ...]
Haltestelle (f)	stacion (m)	[statsión]
nächste Haltestelle (f)	stacioni tjetër (m)	[statsióni tjétər]
Endhaltestelle (f)	terminal (m)	[tɛrminál]
Fahrplan (m)	orar (m)	[orár]
warten (vi, vt)	pres	[prɛs]
Fahrkarte (f)	biletë (f)	[bilétə]
Fahrpreis (m)	çmim bilete (m)	[tʃmím bilétɛ]
Kassierer (m)	shitës biletash (m)	[ʃítəs biléta∫]
Fahrkartenkontrolle (f)	kontroll biletash (m)	[kontrót biléta∫]
Fahrkartenkontrolleur (m)	kontrollues biletash (m)	[kontrołúɛs biléta∫]
sich verspäten	vonohem	[vonóhɛm]
versäumen (Zug usw.)	humbas	[humbás]
sich beeilen	nxitoj	[ndzitój]
Taxi (n)	taksi (m)	[táksi]
Taxifahrer (m)	shofer taksie (m)	[ʃofér taksíɛ]
mit dem Taxi	me taksi	[mɛ táksi]
Taxistand (m)	stacion taksish (m)	[statsión táksi∫]
ein Taxi rufen	thërras taksi	[θərás táksi]
ein Taxi nehmen	marr taksi	[mar táksi]
Straßenverkehr (m)	trafik (m)	[trafík]
Stau (m)	bllokim trafiku (m)	[błokím trafíku]
Hauptverkehrszeit (f)	orë e trafikut të rëndë (f)	[órə ɛ trafíkut tə rəndə]
parken (vi)	parkoj	[parkój]
parken (vt)	parkim	[parkím]
Parkplatz (m)	parking (m)	[parkíŋ]
U-Bahn (f)	metro (f)	[mɛtró]
Station (f)	stacion (m)	[statsión]
mit der U-Bahn fahren	shkoj me metro	[ʃkoj mɛ métro]
Zug (m)	tren (m)	[trɛn]
Bahnhof (m)	stacion treni (m)	[statsión tréni]

57. Sehenswürdigkeiten

Denkmal (n)	monument (m)	[monumént]
Festung (f)	kala (f)	[kalá]
Palast (m)	pallat (m)	[pałát]
Schloss (n)	kështjellë (f)	[kəʃtjétə]
Turm (m)	kullë (f)	[kútə]
Mausoleum (n)	mauzoleum (m)	[mauzolɛúm]
Architektur (f)	arkitekturë (f)	[arkitɛktúrə]
mittelalterlich	mesjetare	[mɛsjɛtárɛ]
alt (antik)	e lashtë	[ɛ láʃtə]
national	kombëtare	[kombətárɛ]
berühmt	i famshëm	[i fámʃəm]
Tourist (m)	turist (m)	[turíst]
Fremdenführer (m)	udhërrëfyes (m)	[uðərəfýɛs]

Ausflug (m)	ekskursion (m)	[ɛkskursión]
zeigen (vt)	tregoj	[trɛgój]
erzählen (vt)	dëftoj	[dəftój]
finden (vt)	gjej	[ɟéj]
sich verlieren	humbas	[humbás]
Karte (U-Bahn ~)	hartë (f)	[hártə]
Karte (Stadt-)	hartë (f)	[hártə]
Souvenir (n)	suvenir (m)	[suvɛnír]
Souvenirladen (m)	dyqan dhuratash (m)	[dycán ðurátaʃ]
fotografieren (vt)	bëj foto	[bəj fóto]
sich fotografieren	bëj fotografi	[bəj fotografí]

58. Shopping

kaufen (vt)	blej	[blɛj]
Einkauf (m)	blerje (f)	[blérjɛ]
einkaufen gehen	shkoj për pazar	[ʃkoj pər pazár]
Einkaufen (n)	pazar (m)	[pazár]
offen sein (Laden)	hapur	[hápur]
zu sein	mbyllur	[mbýɫur]
Schuhe (pl)	këpucë (f)	[kəpútsə]
Kleidung (f)	veshje (f)	[véʃjɛ]
Kosmetik (f)	kozmetikë (f)	[kozmɛtíkə]
Lebensmittel (pl)	mallra ushqimore (f)	[máɫra uʃcimórɛ]
Geschenk (n)	dhuratë (f)	[ðurátə]
Verkäufer (m)	shitës (m)	[ʃítəs]
Verkäuferin (f)	shitëse (f)	[ʃítəsɛ]
Kasse (f)	arkë (f)	[árkə]
Spiegel (m)	pasqyrë (f)	[pascýrə]
Ladentisch (m)	banak (m)	[bának]
Umkleidekabine (f)	dhomë prove (f)	[ðómə próvɛ]
anprobieren (vt)	provoj	[provój]
passen (Schuhe, Kleid)	më rri mirë	[mə ri mírə]
gefallen (vi)	pëlqej	[pəlcéj]
Preis (m)	çmim (m)	[tʃmím]
Preisschild (n)	etiketa e çmimit (f)	[ɛtikéta ɛ tʃmímit]
kosten (vt)	kushton	[kuʃtón]
Wie viel?	Sa?	[sa?]
Rabatt (m)	ulje (f)	[úljɛ]
preiswert	jo e shtrenjtë	[jo ɛ ʃtréɲtə]
billig	e lirë	[ɛ lírə]
teuer	i shtrenjtë	[i ʃtréɲtə]
Das ist teuer	Është e shtrenjtë	[éʃtə ɛ ʃtréɲtə]
Verleih (m)	qiramarrje (f)	[ciramárjɛ]
leihen, mieten (ein Auto usw.)	marr me qira	[mar mɛ cirá]

| Kredit (m), Darlehen (n) | kredit (m) | [krɛdít] |
| auf Kredit | me kredi | [mɛ krɛdí] |

59. Geld

Geld (n)	para (f)	[pará]
Austausch (m)	këmbim valutor (m)	[kəmbím valutór]
Kurs (m)	kurs këmbimi (m)	[kurs kəmbími]
Geldautomat (m)	bankomat (m)	[bankomát]
Münze (f)	monedhë (f)	[monéðə]

| Dollar (m) | dollar (m) | [dołár] |
| Euro (m) | euro (f) | [éuro] |

Lira (f)	lirë (f)	[lírə]
Mark (f)	Marka gjermane (f)	[márka ɟɛrmánɛ]
Franken (m)	franga (f)	[fráŋa]
Pfund Sterling (n)	sterlina angleze (f)	[stɛrlína aŋlézɛ]
Yen (m)	jen (m)	[jén]

Schulden (pl)	borxh (m)	[bórdʒ]
Schuldner (m)	debitor (m)	[dɛbitór]
leihen (vt)	jap hua	[jap huá]
leihen, borgen (Geld usw.)	marr hua	[mar huá]

Bank (f)	bankë (f)	[bánkə]
Konto (n)	llogari (f)	[łogarí]
einzahlen (vt)	depozitoj	[dɛpozitój]
auf ein Konto einzahlen	depozitoj në llogari	[dɛpozitój nə łogarí]
abheben (vt)	tërheq	[tərhéc]

Kreditkarte (f)	kartë krediti (f)	[kártə krɛdíti]
Bargeld (n)	kesh (m)	[kɛʃ]
Scheck (m)	çek (m)	[tʃek]
einen Scheck schreiben	lëshoj një çek	[ləʃój ɲə tʃék]
Scheckbuch (n)	bllok çeqesh (m)	[błók tʃécɛʃ]

Geldtasche (f)	portofol (m)	[portofól]
Geldbeutel (m)	kuletë (f)	[kulétə]
Safe (m)	kasafortë (f)	[kasafórtə]

Erbe (m)	trashëgimtar (m)	[traʃəgimtár]
Erbschaft (f)	trashëgimi (f)	[traʃəgimí]
Vermögen (n)	pasuri (f)	[pasurí]

Pacht (f)	qira (f)	[cirá]
Miete (f)	qiraja (f)	[cirája]
mieten (vt)	marr me qira	[mar mɛ cirá]

Preis (m)	çmim (m)	[tʃmím]
Kosten (pl)	kosto (f)	[kósto]
Summe (f)	shumë (f)	[ʃúmə]
ausgeben (vt)	shpenzoj	[ʃpɛnzój]
Ausgaben (pl)	shpenzime (f)	[ʃpɛnzímɛ]

sparen (vt)	kursej	[kurséj]
sparsam	ekonomik	[ɛkonomík]
zahlen (vt)	paguaj	[pagúaj]
Lohn (m)	pagesë (f)	[pagésə]
Wechselgeld (n)	kusur (m)	[kusúr]
Steuer (f)	taksë (f)	[táksə]
Geldstrafe (f)	gjobë (f)	[ɟóbə]
bestrafen (vt)	vendos gjobë	[vɛndós ɟóbə]

60. Post. Postdienst

Post (Postamt)	zyrë postare (f)	[zýrə postárɛ]
Post (Postsendungen)	postë (f)	[póstə]
Briefträger (m)	postier (m)	[postiér]
Öffnungszeiten (pl)	orari i punës (m)	[orári i púnəs]
Brief (m)	letër (f)	[létər]
Einschreibebrief (m)	letër rekomande (f)	[létər rɛkomándɛ]
Postkarte (f)	kartolinë (f)	[kartolínə]
Telegramm (n)	telegram (m)	[tɛlɛgrám]
Postpaket (n)	pako (f)	[páko]
Geldanweisung (f)	transfer parash (m)	[transfér paráʃ]
bekommen (vt)	pranoj	[pranój]
abschicken (vt)	dërgoj	[dərgój]
Absendung (f)	dërgesë (f)	[dərgésə]
Postanschrift (f)	adresë (f)	[adrésə]
Postleitzahl (f)	kodi postar (m)	[kódi postár]
Absender (m)	dërguesi (m)	[dərgúɛsi]
Empfänger (m)	pranues (m)	[pranúɛs]
Vorname (m)	emër (m)	[émər]
Nachname (m)	mbiemër (m)	[mbiémər]
Tarif (m)	tarifë postare (f)	[tarífə postárɛ]
Standard- (Tarif)	standard	[standárd]
Spar- (-tarif)	ekonomike	[ɛkonomíkɛ]
Gewicht (n)	peshë (f)	[péʃə]
abwiegen (vt)	peshoj	[pɛʃój]
Briefumschlag (m)	zarf (m)	[zarf]
Briefmarke (f)	pullë postare (f)	[púłə postárɛ]
Briefmarke aufkleben	vendos pullën postare	[vɛndós púłən postárɛ]

Wohnung. Haus. Zuhause

61. Haus. Elektrizität

Elektrizität (f)	elektricitet (m)	[ɛlɛktritsitét]
Glühbirne (f)	poç (m)	[potʃ]
Schalter (m)	çelës drite (m)	[tʃéləs drítɛ]
Sicherung (f)	siguresë (f)	[sigurésə]
Draht (m)	kabllo (f)	[kábɫo]
Leitung (f)	rrjet elektrik (m)	[rjét ɛlɛktrík]
Stromzähler (m)	njehsor elektrik (m)	[ɲɛhsór ɛlɛktrík]
Zählerstand (m)	matjet (pl)	[mátjɛt]

62. Villa. Schloss

Landhaus (n)	vilë (f)	[vílə]
Villa (f)	vilë (f)	[vílə]
Flügel (m)	krah (m)	[krah]
Garten (m)	kopsht (m)	[kopʃt]
Park (m)	park (m)	[park]
Orangerie (f)	serrë (f)	[sérə]
pflegen (Garten usw.)	përkujdesem	[pərkujdésɛm]
Schwimmbad (n)	pishinë (f)	[piʃínə]
Kraftraum (m)	palestër (f)	[paléstər]
Tennisplatz (m)	fushë tenisi (f)	[fúʃə tɛnísi]
Heimkinoraum (m)	sallon teatri (m)	[saɫón tɛátri]
Garage (f)	garazh (m)	[garáʒ]
Privateigentum (n)	pronë private (f)	[prónə privátɛ]
Privatgrundstück (n)	tokë private (f)	[tókə privátɛ]
Warnung (f)	paralajmërim (m)	[paralajmərím]
Warnschild (n)	shenjë paralajmëruese (f)	[ʃéɲə paralajmərúɛsɛ]
Bewachung (f)	sigurim (m)	[sigurím]
Wächter (m)	roje sigurimi (m)	[rójɛ sigurími]
Alarmanlage (f)	alarm (m)	[alárm]

63. Wohnung

Wohnung (f)	apartament (m)	[apartamént]
Zimmer (n)	dhomë (f)	[ðómə]
Schlafzimmer (n)	dhomë gjumi (f)	[ðómə ɟúmi]

Esszimmer (n)	dhomë ngrënie (f)	[ðómə ŋrəníɛ]
Wohnzimmer (n)	dhomë ndeje (f)	[ðómə ndéjɛ]
Arbeitszimmer (n)	dhomë pune (f)	[ðómə púnɛ]

Vorzimmer (n)	hyrje (f)	[hýrjɛ]
Badezimmer (n)	banjo (f)	[báɲo]
Toilette (f)	tualet (m)	[tualét]

Decke (f)	tavan (m)	[taván]
Fußboden (m)	dysheme (f)	[dyʃɛmé]
Ecke (f)	qoshe (f)	[cóʃɛ]

64. Möbel. Innenausstattung

Möbel (n)	orendi (f)	[orɛndí]
Tisch (m)	tryezë (f)	[tryézə]
Stuhl (m)	karrige (f)	[karígɛ]
Bett (n)	shtrat (m)	[ʃtrat]

| Sofa (n) | divan (m) | [diván] |
| Sessel (m) | kolltuk (m) | [koɫtúk] |

| Bücherschrank (m) | raft librash (m) | [ráft líbraʃ] |
| Regal (n) | sergjen (m) | [sɛɾɟén] |

Schrank (m)	gardërobë (f)	[gardəróbə]
Hakenleiste (f)	varëse (f)	[várəsɛ]
Kleiderständer (m)	varëse xhaketash (f)	[várəsɛ dʒakétaʃ]

| Kommode (f) | komodë (f) | [komódə] |
| Couchtisch (m) | tryezë e ulët (f) | [tryézə ɛ úlət] |

Spiegel (m)	pasqyrë (f)	[pascýrə]
Teppich (m)	qilim (m)	[cilím]
Matte (kleiner Teppich)	tapet (m)	[tapét]

Kamin (m)	oxhak (m)	[odʒák]
Kerze (f)	qiri (m)	[círi]
Kerzenleuchter (m)	shandan (m)	[ʃandán]

Vorhänge (pl)	perde (f)	[pérdɛ]
Tapete (f)	tapiceri (f)	[tapitsɛrí]
Jalousie (f)	grila (f)	[gríla]

| Tischlampe (f) | llambë tavoline (f) | [ɫámbə tavolínɛ] |
| Leuchte (f) | llambadar muri (m) | [ɫambadár múri] |

| Stehlampe (f) | llambadar (m) | [ɫambadár] |
| Kronleuchter (m) | llambadar (m) | [ɫambadár] |

Bein (Tischbein usw.)	këmbë (f)	[kə́mbə]
Armlehne (f)	mbështetëse krahu (f)	[mbəʃtétəsɛ kráhu]
Lehne (f)	mbështetëse (f)	[mbəʃtétəsɛ]
Schublade (f)	sirtar (m)	[sirtár]

65. Bettwäsche

Bettwäsche (f)	çarçafë (pl)	[tʃartʃáfə]
Kissen (n)	jastëk (m)	[jastƐk]
Kissenbezug (m)	këllëf jastëku (m)	[kɵɬɵf jastƐku]
Bettdecke (f)	jorgan (m)	[jorgán]
Laken (n)	çarçaf (m)	[tʃartʃáf]
Tagesdecke (f)	mbulesë (f)	[mbulésə]

66. Küche

Küche (f)	kuzhinë (f)	[kuʒínə]
Gas (n)	gaz (m)	[gaz]
Gasherd (m)	sobë me gaz (f)	[sóbə mƐ gaz]
Elektroherd (m)	sobë elektrike (f)	[sóbə ƐlƐktríkƐ]
Backofen (m)	furrë (f)	[fúrə]
Mikrowellenherd (m)	mikrovalë (f)	[mikrovἀlə]

Kühlschrank (m)	frigorifer (m)	[frigorifér]
Tiefkühltruhe (f)	frigorifer (m)	[frigorifér]
Geschirrspülmaschine (f)	pjatalarëse (f)	[pjatalárəsƐ]

Fleischwolf (m)	grirëse mishi (f)	[grírəsƐ míʃi]
Saftpresse (f)	shtrydhëse frutash (f)	[ʃtrýðesƐ frútaʃ]
Toaster (m)	toster (m)	[tostér]
Mixer (m)	mikser (m)	[miksér]

Kaffeemaschine (f)	makinë kafeje (f)	[makínə kaféjƐ]
Kaffeekanne (f)	kafetierë (f)	[kafƐtiérə]
Kaffeemühle (f)	mulli kafeje (f)	[muɬí káfƐjƐ]

Wasserkessel (m)	çajnik (m)	[tʃajník]
Teekanne (f)	çajnik (m)	[tʃajník]
Deckel (m)	kapak (m)	[kapák]
Teesieb (n)	sitë çaji (f)	[sítə tʃáji]

Löffel (m)	lugë (f)	[lúgə]
Teelöffel (m)	lugë çaji (f)	[lúgə tʃáji]
Esslöffel (m)	lugë gjelle (f)	[lúgə ɟétƐ]
Gabel (f)	pirun (m)	[pirún]
Messer (n)	thikë (f)	[θíkə]

Geschirr (n)	enë kuzhine (f)	[énə kuʒínƐ]
Teller (m)	pjatë (f)	[pjátə]
Untertasse (f)	pjatë filxhani (f)	[pjátə fildʒáni]

Schnapsglas (n)	potir (m)	[potír]
Glas (n)	gotë (f)	[gótə]
Tasse (f)	filxhan (m)	[fildʒán]

Zuckerdose (f)	tas për sheqer (m)	[tas pər ʃƐcér]
Salzstreuer (m)	kripore (f)	[kripórƐ]
Pfefferstreuer (m)	enë piperi (f)	[énə pipéri]

Butterdose (f)	pjatë gjalpi (f)	[pjátə ɟálpi]
Kochtopf (m)	tenxhere (f)	[tɛndʒérɛ]
Pfanne (f)	tigan (m)	[tigán]
Schöpflöffel (m)	garuzhdë (f)	[garúʒdə]
Durchschlag (m)	kullesë (f)	[kutésə]
Tablett (n)	tabaka (f)	[tabaká]
Flasche (f)	shishe (f)	[ʃíʃɛ]
Glas (Einmachglas)	kavanoz (m)	[kavanóz]
Dose (f)	kanoçe (f)	[kanótʃɛ]
Flaschenöffner (m)	hapëse shishesh (f)	[hapəsé ʃíʃɛʃ]
Dosenöffner (m)	hapëse kanoçesh (f)	[hapəsé kanótʃɛʃ]
Korkenzieher (m)	turjelë tapash (f)	[turjélə tápaʃ]
Filter (n)	filtër (m)	[fíltər]
filtern (vt)	filtroj	[filtrój]
Müll (m)	pleh (m)	[plɛh]
Mülleimer, Treteimer (m)	kosh plehrash (m)	[koʃ pléhraʃ]

67. Bad

Badezimmer (n)	banjo (f)	[báɲo]
Wasser (n)	ujë (m)	[újə]
Wasserhahn (m)	rubinet (m)	[rubinét]
Warmwasser (n)	ujë i nxehtë (f)	[újə i ndzéhtə]
Kaltwasser (n)	ujë i ftohtë (f)	[újə i ftóhtə]
Zahnpasta (f)	pastë dhëmbësh (f)	[pástə ðémbəʃ]
Zähne putzen	laj dhëmbët	[laj ðémbət]
Zahnbürste (f)	furçë dhëmbësh (f)	[fúrtʃə ðémbəʃ]
sich rasieren	rruhem	[rúhɛm]
Rasierschaum (m)	shkumë rroje (f)	[ʃkumə rójɛ]
Rasierer (m)	brisk (m)	[brísk]
waschen (vt)	laj duart	[laj dúart]
sich waschen	lahem	[láhɛm]
Dusche (f)	dush (m)	[duʃ]
sich duschen	bëj dush	[bəj dúʃ]
Badewanne (f)	vaskë (f)	[váskə]
Klosettbecken (n)	tualet (m)	[tualét]
Waschbecken (n)	lavaman (m)	[lavamán]
Seife (f)	sapun (m)	[sapún]
Seifenschale (f)	pjatë sapuni (f)	[pjátə sapúni]
Schwamm (m)	sfungjer (m)	[sfunɟér]
Shampoo (n)	shampo (f)	[ʃampó]
Handtuch (n)	peshqir (m)	[pɛʃcír]
Bademantel (m)	peshqir trupi (m)	[pɛʃcír trúpi]
Wäsche (f)	larje (f)	[lárjɛ]
Waschmaschine (f)	makinë larëse (f)	[makínə lárəsɛ]

waschen (vt) laj rroba [laj róba]
Waschpulver (n) detergjent (m) [dɛtɛrjént]

68. Haushaltsgeräte

Fernseher (m)	televizor (m)	[tɛlɛvizór]
Tonbandgerät (n)	inçizues me shirit (m)	[intʃizúɛs mɛ ʃirít]
Videorekorder (m)	video regjistrues (m)	[vídɛo rɛɟistrúɛs]
Empfänger (m)	radio (f)	[rádio]
Player (m)	kasetofon (m)	[kasɛtofón]

Videoprojektor (m)	projektor (m)	[projɛktór]
Heimkino (n)	kinema shtëpie (f)	[kinɛmá ʃtəpíɛ]
DVD-Player (m)	DVD player (m)	[dividí plɛjər]
Verstärker (m)	amplifikator (m)	[amplifikatór]
Spielkonsole (f)	konsol video loje (m)	[konsól vídɛo lójɛ]

Videokamera (f)	videokamerë (f)	[vidɛokamérə]
Kamera (f)	aparat fotografik (m)	[aparát fotografík]
Digitalkamera (f)	kamerë digjitale (f)	[kamérə diɟitálɛ]

Staubsauger (m)	fshesë elektrike (f)	[fʃésə ɛlɛktríkɛ]
Bügeleisen (n)	hekur (m)	[hékur]
Bügelbrett (n)	tryezë për hekurosje (f)	[tryézə pər hɛkurósjɛ]

Telefon (n)	telefon (m)	[tɛlɛfón]
Mobiltelefon (n)	celular (m)	[tsɛlulár]
Schreibmaschine (f)	makinë shkrimi (f)	[makínə ʃkrími]
Nähmaschine (f)	makinë qepëse (f)	[makínə cépəsɛ]

Mikrophon (n)	mikrofon (m)	[mikrofón]
Kopfhörer (m)	kufje (f)	[kúfjɛ]
Fernbedienung (f)	telekomandë (f)	[tɛlɛkomándə]

CD (f)	CD (f)	[tsɛdé]
Kassette (f)	kasetë (f)	[kasétə]
Schallplatte (f)	pllakë gramafoni (f)	[płákə gramafóni]

AKTIVITÄTEN DES MENSCHEN

Beruf. Geschäft. Teil 1

69. Büro. Arbeiten im Büro

Büro (Firmensitz)	zyrë (f)	[zýrə]
Büro (~ des Direktors)	zyrë (f)	[zýrə]
Rezeption (f)	recepsion (m)	[rɛtsɛpsión]
Sekretär (m)	sekretar (m)	[sɛkrɛtár]
Sekretärin (f)	sekretare (f)	[sɛkrɛtárɛ]
Direktor (m)	drejtor (m)	[drɛjtór]
Manager (m)	menaxher (m)	[mɛnadʒér]
Buchhalter (m)	kontabilist (m)	[kontabilíst]
Mitarbeiter (m)	punonjës (m)	[punóɲəs]
Möbel (n)	orendi (f)	[orɛndí]
Tisch (m)	tavolinë pune (f)	[tavolínə púnɛ]
Schreibtischstuhl (m)	karrige pune (f)	[karígɛ púnɛ]
Rollcontainer (m)	njësi sirtarësh (f)	[ɲəsí sirtárəʃ]
Kleiderständer (m)	varëse xhaketash (f)	[várəsɛ dʒakétaʃ]
Computer (m)	kompjuter (m)	[kompjutér]
Drucker (m)	printer (m)	[printér]
Fax (n)	aparat faksi (m)	[aparát fáksi]
Kopierer (m)	fotokopje (f)	[fotokópjɛ]
Papier (n)	letër (f)	[létər]
Büromaterial (n)	pajisje zyre (f)	[pajísjɛ zýrɛ]
Mousepad (n)	shtroje e mausit (f)	[ʃtrójɛ ɛ máusit]
Blatt (n) Papier	fletë (f)	[flétə]
Ordner (m)	dosje (f)	[dósjɛ]
Katalog (m)	katalog (m)	[katalóg]
Adressbuch (n)	numerator telefonik (m)	[numɛrátor tɛlɛfoník]
Dokumentation (f)	dokumentacion (m)	[dokumɛntatsión]
Broschüre (f)	broshurë (f)	[broʃúrə]
Flugblatt (n)	fletëpalosje (f)	[flɛtəpalósjɛ]
Muster (n)	mostër (f)	[móstər]
Training (n)	takim trajnimi (m)	[takím trajními]
Meeting (n)	takim (m)	[takím]
Mittagspause (f)	pushim dreke (m)	[puʃím drékɛ]
eine Kopie machen	bëj fotokopje	[bəj fotokópjɛ]
vervielfältigen (vt)	shumëfishoj	[ʃuməfiʃój]
ein Fax bekommen	marr faks	[mar fáks]
ein Fax senden	dërgoj faks	[dərgój fáks]

anrufen (vt)	telefonoj	[tɛlɛfonój]
antworten (vi)	përgjigjem	[pərɟíɟɛm]
verbinden (vt)	kaloj linjën	[kalój líɲən]

ausmachen (vt)	lë takim	[lə takím]
demonstrieren (vt)	tregoj	[trɛgój]
fehlen (am Arbeitsplatz ~)	mungoj	[muŋój]
Abwesenheit (f)	mungesë (f)	[muŋésə]

70. Geschäftsabläufe. Teil 1

| Geschäft (n) (z.B. ~ in Wolle) | biznes (m) | [biznés] |
| Angelegenheit (f) | profesion (m) | [profɛsión] |

Firma (f)	firmë (f)	[fírmə]
Gesellschaft (f)	kompani (f)	[kompaní]
Konzern (m)	korporatë (f)	[korporátə]
Unternehmen (n)	ndërmarrje (f)	[ndərmárjɛ]
Agentur (f)	agjenci (f)	[aɟɛntsí]

Vereinbarung (f)	marrëveshje (f)	[marəvéʃjɛ]
Vertrag (m)	kontratë (f)	[kontrátə]
Geschäft (Transaktion)	marrëveshje (f)	[marəvéʃjɛ]
Auftrag (Bestellung)	porosi (f)	[porosí]
Bedingung (f)	kushte (f)	[kúʃtɛ]

en gros (im Großen)	me shumicë	[mɛ ʃumítsə]
Großhandels-	me shumicë	[mɛ ʃumítsə]
Großhandel (m)	me shumicë (f)	[mɛ ʃumítsə]
Einzelhandels-	me pakicë	[mɛ pakítsə]
Einzelhandel (m)	me pakicë (f)	[mɛ pakítsə]

Konkurrent (m)	konkurrent (m)	[konkurént]
Konkurrenz (f)	konkurrencë (f)	[konkuréntsə]
konkurrieren (vi)	konkurroj	[konkurój]

| Partner (m) | ortak (m) | [orták] |
| Partnerschaft (f) | partneritet (m) | [partnɛritét] |

Krise (f)	krizë (f)	[krízə]
Bankrott (m)	falimentim (m)	[falimɛntím]
Bankrott machen	falimentoj	[falimɛntój]
Schwierigkeit (f)	vështirësi (f)	[vəʃtirəsí]
Problem (n)	problem (m)	[problém]
Katastrophe (f)	katastrofë (f)	[katastrófə]

Wirtschaft (f)	ekonomi (f)	[ɛkonomí]
wirtschaftlich	ekonomik	[ɛkonomík]
Rezession (f)	recesion ekonomik (m)	[rɛtsɛsión ɛkonomík]

Ziel (n)	qëllim (m)	[cəłím]
Aufgabe (f)	detyrë (f)	[dɛtýrə]
handeln (Handel treiben)	tregtoj	[trɛgtój]
Netz (Verkaufs-)	rrjet (m)	[rjét]

Lager (n)	inventar (m)	[invɛntár]
Sortiment (n)	gamë (f)	[gámə]
führende Unternehmen (n)	lider (m)	[lidér]
groß (-e Firma)	e madhe	[ɛ máðɛ]
Monopol (n)	monopol (m)	[monopól]
Theorie (f)	teori (f)	[tɛorí]
Praxis (f)	praktikë (f)	[praktíkə]
Erfahrung (f)	përvojë (f)	[pərvójə]
Tendenz (f)	trend (m)	[trɛnd]
Entwicklung (f)	zhvillim (m)	[ʒviɫím]

71. Geschäftsabläufe. Teil 2

Vorteil (m)	fitim (m)	[fitím]
vorteilhaft	fitimprurës	[fitimprúrəs]
Delegation (f)	delegacion (m)	[dɛlɛgatsión]
Lohn (m)	pagë (f)	[págə]
korrigieren (vt)	korrigjoj	[koriɟój]
Dienstreise (f)	udhëtim pune (m)	[uðətím púnɛ]
Kommission (f)	komision (m)	[komisión]
kontrollieren (vt)	kontrolloj	[kontroɫój]
Konferenz (f)	konferencë (f)	[konfɛréntsə]
Lizenz (f)	licencë (f)	[litséntsə]
zuverlässig	i besueshëm	[i bɛsúɛʃəm]
Initiative (f)	nismë (f)	[nísmə]
Norm (f)	normë (f)	[nórmə]
Umstand (m)	rrethanë (f)	[rɛθánə]
Pflicht (f)	detyrë (f)	[dɛtýrə]
Unternehmen (n)	organizatë (f)	[organizátə]
Organisation (Prozess)	organizativ (m)	[organizatív]
organisiert (Adj)	i organizuar	[i organizúar]
Abschaffung (f)	anulim (m)	[anulím]
abschaffen (vt)	anuloj	[anulój]
Bericht (m)	raport (m)	[rapórt]
Patent (n)	patentë (f)	[paténtə]
patentieren (vt)	patentoj	[patɛntój]
planen (vt)	planifikoj	[planifikój]
Prämie (f)	bonus (m)	[bonús]
professionell	profesional	[profɛsionál]
Prozedur (f)	procedurë (f)	[protsɛdúrə]
prüfen (Vertrag ~)	shqyrtoj	[ʃcyrtój]
Berechnung (f)	llogaritje (f)	[ɫogarítjɛ]
Ruf (m)	reputacion (m)	[rɛputatsión]
Risiko (n)	rrezik (m)	[rɛzík]
leiten (vt)	drejtoj	[drɛjtój]

Informationen (pl)	informacion (m)	[informatsión]
Eigentum (n)	pronë (f)	[prónə]
Bund (m)	bashkim (m)	[baʃkím]

Lebensversicherung (f)	sigurim jete (m)	[sigurím jétɛ]
versichern (vt)	siguroj	[sigurój]
Versicherung (f)	sigurim (m)	[sigurím]

Auktion (f)	ankand (m)	[ankánd]
benachrichtigen (vt)	njoftoj	[ɲoftój]
Verwaltung (f)	menaxhim (m)	[mɛnadʒím]
Dienst (m)	shërbim (m)	[ʃərbím]

Forum (n)	forum (m)	[forúm]
funktionieren (vi)	funksionoj	[funksionój]
Etappe (f)	fazë (f)	[fázə]
juristisch	ligjor	[liɟór]
Jurist (m)	avokat (m)	[avokát]

72. Fertigung. Arbeiten

Werk (n)	uzinë (f)	[uzínə]
Fabrik (f)	fabrikë (f)	[fabríkə]
Werkstatt (f)	punëtori (f)	[punətorí]
Betrieb (m)	punishte (f)	[puníʃtɛ]

Industrie (f)	industri (f)	[industrí]
Industrie-	industrial	[industriál]
Schwerindustrie (f)	industri e rëndë (f)	[industrí ɛ rəndə]
Leichtindustrie (f)	industri e lehtë (f)	[industrí ɛ léhtə]

Produktion (f)	produkt (m)	[prodúkt]
produzieren (vt)	prodhoj	[proðój]
Rohstoff (m)	lëndë e parë (f)	[lə́ndə ɛ párə]

Vorarbeiter (m), Meister (m)	përgjegjës (m)	[pərɟéɟəs]
Arbeitsteam (n)	skuadër (f)	[skuádər]
Arbeiter (m)	punëtor (m)	[punətór]

Arbeitstag (m)	ditë pune (f)	[dítə púnɛ]
Pause (f)	pushim (m)	[puʃím]
Versammlung (f)	mbledhje (f)	[mbléðjɛ]
besprechen (vt)	diskutoj	[diskutój]

Plan (m)	plan (m)	[plan]
den Plan erfüllen	përmbush planin	[pərmbúʃ plánin]
Arbeitsertrag (m)	normë prodhimi (f)	[nórmə proðími]
Qualität (f)	cilësi (f)	[tsiləsí]
Prüfung, Kontrolle (f)	kontroll (m)	[kontróɫ]
Gütekontrolle (f)	kontroll cilësie (m)	[kontróɫ tsiləsíɛ]

Arbeitsplatzsicherheit (f)	siguri në punë (f)	[sigurí nə púnə]
Disziplin (f)	disiplinë (f)	[disiplínə]
Übertretung (f)	thyerje rregullash (f)	[θýɛrjɛ régutaʃ]

übertreten (vt)	thyej rregullat	[θýɛj régułat]
Streik (m)	grevë (f)	[grévə]
Streikender (m)	grevist (m)	[grɛvíst]
streiken (vi)	jam në grevë	[jam nə grévə]
Gewerkschaft (f)	sindikatë punëtorësh (f)	[sindikátə punətórəʃ]

erfinden (vt)	shpik	[ʃpik]
Erfindung (f)	shpikje (f)	[ʃpíkjɛ]
Erforschung (f)	kërkim (m)	[kərkím]
verbessern (vt)	përmirësoj	[pərmirəsój]
Technologie (f)	teknologji (f)	[tɛknoloɟí]
technische Zeichnung (f)	vizatim teknik (m)	[vizatím tɛkník]

Ladung (f)	ngarkesë (f)	[ŋarkésə]
Ladearbeiter (m)	ngarkues (m)	[ŋarkúɛs]
laden (vt)	ngarkoj	[ŋarkój]
Beladung (f)	ngarkimi	[ŋarkími]
entladen (vt)	shkarkoj	[ʃkarkój]
Entladung (f)	shkarkim (m)	[ʃkarkím]

Transport (m)	transport (m)	[transpórt]
Transportunternehmen (n)	agjenci transporti (f)	[aɟɛntsí transpórti]
transportieren (vt)	transportoj	[transportój]

Güterwagen (m)	vagon mallrash (m)	[vagón máłraʃ]
Zisterne (f)	cisternë (f)	[tsistérnə]
Lastkraftwagen (m)	kamion (m)	[kamión]

Werkzeugmaschine (f)	makineri veglash (f)	[makinɛrí vɛgláʃ]
Mechanismus (m)	mekanizëm (m)	[mɛkanízəm]

Industrieabfälle (pl)	mbetje industriale (f)	[mbétjɛ industriálɛ]
Verpacken (n)	paketim (m)	[pakɛtím]
verpacken (vt)	paketoj	[pakɛtój]

73. Vertrag. Zustimmung

Vertrag (m), Auftrag (m)	kontratë (f)	[kontrátə]
Vereinbarung (f)	marrëveshje (f)	[marəvéʃjɛ]
Anhang (m)	shtojcë (f)	[ʃtójtsə]

einen Vertrag abschließen	nënshkruaj një kontratë	[nənʃkrúaj ɲə kontrátə]
Unterschrift (f)	nënshkrim (m)	[nənʃkrím]
unterschreiben (vt)	nënshkruaj	[nənʃkrúaj]
Stempel (m)	vulë (f)	[vúlə]

Vertragsgegenstand (m)	objekt i kontratës (m)	[objékt i kontrátəs]
Punkt (m)	kusht (m)	[kuʃt]
Parteien (pl)	palët (m)	[pálət]
rechtmäßige Anschrift (f)	adresa zyrtare (f)	[adrésa zyrtárɛ]

Vertrag brechen	mosrespektim kontrate	[mosrɛspɛktím kontrátɛ]
Verpflichtung (f)	detyrim (m)	[dɛtyrím]
Verantwortlichkeit (f)	përgjegjësi (f)	[pərɟɛɟəsí]

Force majeure (f)	forcë madhore (f)	[fórtsə maðórɛ]
Streit (m)	mosmarrëveshje (f)	[mosmarəvéʃjɛ]
Strafsanktionen (pl)	ndëshkime (pl)	[ndəʃkímɛ]

74. Import & Export

Import (m)	import (m)	[impórt]
Importeur (m)	importues (m)	[importúɛs]
importieren (vt)	importoj	[importój]
Import-	i importuar	[i importúar]

Export (m)	eksport (m)	[ɛksport]
Exporteur (m)	eksportues (m)	[ɛksportúɛs]
exportieren (vt)	eksportoj	[ɛksportój]
Export-	i eksportuar	[i ɛksportúar]

| Waren (pl) | mallra (pl) | [máɫra] |
| Partie (f), Ladung (f) | ngarkesë (f) | [ŋarkésə] |

Gewicht (n)	peshë (f)	[péʃə]
Volumen (n)	vëllim (m)	[vəɫím]
Kubikmeter (m)	metër kub (m)	[métər kúb]

Hersteller (m)	prodhues (m)	[proðúɛs]
Transportunternehmen (n)	agjenci transporti (f)	[aɟɛntsí transpórti]
Container (m)	kontejner (m)	[kontɛjnér]

Grenze (f)	kufi (m)	[kufí]
Zollamt (n)	doganë (f)	[dogánə]
Zoll (m)	taksë doganore (f)	[táksə doganórɛ]
Zollbeamter (m)	doganier (m)	[doganiér]
Schmuggel (m)	trafikim (m)	[trafikím]
Schmuggelware (f)	kontrabandë (f)	[kontrabándə]

75. Finanzen

Aktie (f)	stok (m)	[stok]
Obligation (f)	certifikatë valutore (f)	[tsɛrtifikátə valutórɛ]
Wechsel (m)	letër me vlerë (f)	[létər mɛ vlérə]

| Börse (f) | bursë (f) | [búrsə] |
| Aktienkurs (m) | çmimi i stokut (m) | [tʃmími i stókut] |

| billiger werden | ulet | [úlɛt] |
| teuer werden | rritet | [rítɛt] |

| Anteil (m) | kuotë (f) | [kuótə] |
| Mehrheitsbeteiligung (f) | përqindje kontrolluese (f) | [pərcíndjɛ kontroɫúɛsɛ] |

Investitionen (pl)	investim (m)	[invɛstím]
investieren (vt)	investoj	[invɛstój]
Prozent (n)	përqindje (f)	[pərcíndjɛ]

Zinsen (pl)	interes (m)	[intɛrés]
Gewinn (m)	fitim (m)	[fitím]
gewinnbringend	fitimprurës	[fitimprúrəs]
Steuer (f)	taksë (f)	[táksə]

Währung (f)	valutë (f)	[valútə]
Landes-	kombëtare	[kombətárɛ]
Geldumtausch (m)	këmbim valute (m)	[kəmbím valútɛ]

Buchhalter (m)	kontabilist (m)	[kontabilíst]
Buchhaltung (f)	kontabilitet (m)	[kontabilitét]

Bankrott (m)	falimentim (m)	[falimɛntím]
Zusammenbruch (m)	kolaps (m)	[koláps]
Pleite (f)	rrënim (m)	[rəním]
pleite gehen	rrënohem	[rənóhɛm]
Inflation (f)	inflacion (m)	[inflatsión]
Abwertung (f)	zhvlerësim (m)	[ʒvlɛrəsím]

Kapital (n)	kapital (m)	[kapitál]
Einkommen (n)	të ardhura (f)	[tə árðura]
Umsatz (m)	qarkullim (m)	[carkuɫím]
Mittel (Reserven)	burime (f)	[burímɛ]
Geldmittel (pl)	burime monetare (f)	[burímɛ monɛtárɛ]

Gemeinkosten (pl)	shpenzime bazë (f)	[ʃpɛnzímɛ bázə]
reduzieren (vt)	zvogëloj	[zvogəlój]

76. Marketing

Marketing (n)	marketing (m)	[markɛtíŋ]
Markt (m)	treg (m)	[trɛg]
Marktsegment (n)	segment tregu (m)	[sɛgmént trégu]
Produkt (n)	produkt (m)	[prodúkt]
Waren (pl)	mallra (pl)	[máɫra]

Schutzmarke (f)	markë (f)	[márkə]
Handelsmarke (f)	markë tregtare (f)	[márkə trɛgtárɛ]
Firmenzeichen (n)	logo (f)	[lógo]
Logo (n)	logo (f)	[lógo]

Nachfrage (f)	kërkesë (f)	[kərkésə]
Angebot (n)	furnizim (m)	[furnizím]
Bedürfnis (n)	nevojë (f)	[nɛvójə]
Verbraucher (m)	konsumator (m)	[konsumatór]

Analyse (f)	analizë (f)	[analízə]
analysieren (vt)	analizoj	[analizój]
Positionierung (f)	vendosje (f)	[vɛndósjɛ]
positionieren (vt)	vendos	[vɛndós]

Preis (m)	çmim (m)	[tʃmím]
Preispolitik (f)	politikë e çmimeve (f)	[politíkə ɛ tʃmímɛvɛ]
Preisbildung (f)	formim i çmimit (m)	[formím i tʃmímit]

77. Werbung

Werbung (f)	reklamë (f)	[rɛklámə]
werben (vt)	reklamoj	[rɛklamój]
Budget (n)	buxhet (m)	[budʒét]

Werbeanzeige (f)	reklamë (f)	[rɛklámə]
Fernsehwerbung (f)	reklamë televizive (f)	[rɛklámə tɛlɛvizívɛ]
Radiowerbung (f)	reklamë në radio (f)	[rɛklámə nə rádio]
Außenwerbung (f)	reklamë ambientale (f)	[rɛklámə ambiɛntálɛ]

Massenmedien (pl)	masmedia (f)	[masmédia]
Zeitschrift (f)	botim periodik (m)	[botím pɛriodík]
Image (n)	imazh (m)	[imáʒ]

Losung (f)	slogan (m)	[slogán]
Motto (n)	moto (f)	[móto]

Kampagne (f)	fushatë (f)	[fuʃátə]
Werbekampagne (f)	fushatë reklamuese (f)	[fuʃátə rɛklamúɛsɛ]
Zielgruppe (f)	grup i synuar (m)	[grup i synúar]

Visitenkarte (f)	kartëvizitë (f)	[kartəvizítə]
Flugblatt (n)	fletëpalosje (f)	[flɛtəpalósjɛ]
Broschüre (f)	broshurë (f)	[broʃúrə]
Faltblatt (n)	pamflet (m)	[pamflét]
Informationsblatt (n)	buletin (m)	[bulɛtín]

Firmenschild (n)	tabelë (f)	[tabélə]
Plakat (n)	poster (m)	[postér]
Werbeschild (n)	tabelë reklamash (f)	[tabélə rɛklámaʃ]

78. Bankgeschäft

Bank (f)	bankë (f)	[bánkə]
Filiale (f)	degë (f)	[dégə]

Berater (m)	punonjës banke (m)	[punóɲəs bánkɛ]
Leiter (m)	drejtor (m)	[drɛjtór]

Konto (n)	llogari bankare (f)	[ɫogarí bankárɛ]
Kontonummer (f)	numër llogarie (m)	[númər ɫogaríɛ]
Kontokorrent (n)	llogari rrjedhëse (f)	[ɫogarí rjéðəsɛ]
Sparkonto (n)	llogari kursimesh (f)	[ɫogarí kursímɛʃ]

ein Konto eröffnen	hap një llogari	[hap ɲə ɫogarí]
das Konto schließen	mbyll një llogari	[mbýɫ ɲə ɫogarí]
einzahlen (vt)	depozitoj në llogari	[dɛpozitój nə ɫogarí]
abheben (vt)	tërheq	[tərhéc]

Einzahlung (f)	depozitë (f)	[dɛpozítə]
eine Einzahlung machen	kryej një depozitim	[krýɛj ɲə dɛpozitím]
Überweisung (f)	transfer bankar (m)	[transfér bankár]

Deutsch	Albanisch	Aussprache
überweisen (vt)	transferoj para	[transfɛrój pará]
Summe (f)	shumë (f)	[ʃúmə]
Wieviel?	Sa?	[sa?]
Unterschrift (f)	nënshkrim (m)	[nənʃkrím]
unterschreiben (vt)	nënshkruaj	[nənʃkrúaj]
Kreditkarte (f)	kartë krediti (f)	[kártə krɛdíti]
Code (m)	kodi PIN (m)	[kódi pin]
Kreditkartennummer (f)	numri i kartës së kreditit (m)	[númri i kártəs sə krɛdítit]
Geldautomat (m)	bankomat (m)	[bankomát]
Scheck (m)	çek (m)	[tʃɛk]
einen Scheck schreiben	lëshoj një çek	[ləʃój ɲə tʃék]
Scheckbuch (n)	bllok çeqesh (m)	[bɫók tʃécɛʃ]
Darlehen (m)	kredi (f)	[krɛdí]
ein Darlehen beantragen	aplikoj për kredi	[aplikój pər krɛdí]
ein Darlehen aufnehmen	marr kredi	[mar krɛdí]
ein Darlehen geben	jap kredi	[jap krɛdí]
Sicherheit (f)	garanci (f)	[garantsí]

79. Telefon. Telefongespräche

Deutsch	Albanisch	Aussprache
Telefon (n)	telefon (m)	[tɛlɛfón]
Mobiltelefon (n)	celular (m)	[tsɛlulár]
Anrufbeantworter (m)	sekretari telefonike (f)	[sɛkrɛtarí tɛlɛfoníkɛ]
anrufen (vt)	telefonoj	[tɛlɛfonój]
Anruf (m)	telefonatë (f)	[tɛlɛfonátə]
eine Nummer wählen	i bie numrit	[i bíɛ númrit]
Hallo!	Përshëndetje!	[pərʃəndétjɛ!]
fragen (vt)	pyes	[pýɛs]
antworten (vi)	përgjigjem	[pərɟíɟɛm]
hören (vt)	dëgjoj	[dəɟój]
gut (~ aussehen)	mirë	[mírə]
schlecht (Adv)	jo mirë	[jo mírə]
Störungen (pl)	zhurmë (f)	[ʒúrmə]
Hörer (m)	marrës (m)	[márəs]
den Hörer abnehmen	ngre telefonin	[ŋré tɛlɛfónin]
auflegen (den Hörer ~)	mbyll telefonin	[mbýɫ tɛlɛfónin]
besetzt	i zënë	[i zə́nə]
läuten (vi)	bie zilja	[bíɛ zílja]
Telefonbuch (n)	numerator telefonik (m)	[numɛratór tɛlɛfoník]
Orts-	lokale	[lokálɛ]
Ortsgespräch (n)	thirrje lokale (f)	[θírjɛ lokálɛ]
Auslands-	ndërkombëtar	[ndərkombətár]
Auslandsgespräch (n)	thirrje ndërkombëtare (f)	[θírjɛ ndərkombətárɛ]
Fern-	distancë e largët	[distántsə ɛ lárgət]
Ferngespräch (n)	thirrje në distancë (f)	[θírjɛ nə distántsə]

73

80. Mobiltelefon

Mobiltelefon (n)	celular (m)	[tsɛlulár]
Display (n)	ekran (m)	[ɛkrán]
Knopf (m)	buton (m)	[bután]
SIM-Karte (f)	karta SIM (m)	[kárta sim]
Batterie (f)	bateri (f)	[batɛrí]
leer sein (Batterie)	e shkarkuar	[ɛ ʃkarkúar]
Ladegerät (n)	karikues (m)	[karikúɛs]
Menü (n)	menu (f)	[mɛnú]
Einstellungen (pl)	parametra (f)	[paramétra]
Melodie (f)	melodi (f)	[mɛlodí]
auswählen (vt)	përzgjedh	[pərzɟéð]
Rechner (m)	makinë llogaritëse (f)	[makínə ɬogarítəsɛ]
Anrufbeantworter (m)	postë zanore (f)	[póstə zanórɛ]
Wecker (m)	alarm (m)	[alárm]
Kontakte (pl)	kontakte (pl)	[kontáktɛ]
SMS-Nachricht (f)	SMS (m)	[ɛsɛmɛs]
Teilnehmer (m)	abonent (m)	[abonént]

81. Bürobedarf

Kugelschreiber (m)	stilolaps (m)	[stiloláps]
Federhalter (m)	stilograf (m)	[stilográf]
Bleistift (m)	laps (m)	[láps]
Faserschreiber (m)	shënjues (m)	[ʃəɲúɛs]
Filzstift (m)	tushë me bojë (f)	[túʃə mɛ bójə]
Notizblock (m)	bllok shënimesh (m)	[bɬók ʃəními̯eʃ]
Terminkalender (m)	agjendë (f)	[aɟéndə]
Lineal (n)	vizore (f)	[vizórɛ]
Rechner (m)	makinë llogaritëse (f)	[makínə ɬogarítəsɛ]
Radiergummi (m)	gomë (f)	[gómə]
Reißzwecke (f)	pineskë (f)	[pinéskə]
Heftklammer (f)	kapëse fletësh (f)	[kápəsɛ flétəʃ]
Klebstoff (m)	ngjitës (m)	[nɟítəs]
Hefter (m)	ngjitës metalik (m)	[nɟítəs mɛtalík]
Locher (m)	hapës vrimash (m)	[hápəs vrímaʃ]
Bleistiftspitzer (m)	mprehëse lapsash (m)	[mpréhəsɛ lápsaʃ]

82. Geschäftsarten

Buchführung (f)	kontabilitet (m)	[kontabilitét]
Werbung (f)	reklamë (f)	[rɛklámə]

Werbeagentur (f)	agjenci reklamash (f)	[aɟɛntsí rɛklámaʃ]
Klimaanlagen (pl)	kondicioner (m)	[konditsionér]
Fluggesellschaft (f)	kompani ajrore (f)	[kompaní ajrórɛ]

Spirituosen (pl)	pije alkoolike (pl)	[píjɛ alkoólikɛ]
Antiquitäten (pl)	antikitete (pl)	[antikitétɛ]
Kunstgalerie (f)	galeri e artit (f)	[galɛrí ɛ ártit]
Rechnungsprüfung (f)	shërbime auditimi (pl)	[ʃərbímɛ auditími]

Bankwesen (n)	industri bankare (f)	[industrí bankárɛ]
Bar (f)	lokal (m)	[lokál]
Schönheitssalon (m)	sallon bukurie (m)	[saɫón bukuríɛ]
Buchhandlung (f)	librari (f)	[librarí]
Bierbrauerei (f)	birrari (f)	[birarí]
Bürogebäude (n)	qendër biznesi (f)	[céndər biznési]
Business-Schule (f)	shkollë biznesi (f)	[ʃkóɫə biznési]

Kasino (n)	kazino (f)	[kazíno]
Bau (m)	ndërtim (m)	[ndərtím]
Beratung (f)	konsulencë (f)	[konsuléntsə]

Stomatologie (f)	klinikë dentare (f)	[kliníkə dɛntárɛ]
Design (n)	dizajn (m)	[dizájn]
Apotheke (f)	farmaci (f)	[farmatsí]
chemische Reinigung (f)	pastrim kimik (m)	[pastrím kimík]
Personalagentur (f)	agjenci punësimi (f)	[aɟɛntsí punəsími]

Finanzdienstleistungen (pl)	shërbime financiare (pl)	[ʃərbímɛ finantsiárɛ]
Nahrungsmittel (pl)	mallra ushqimore (f)	[máɫra uʃcimórɛ]
Bestattungsinstitut (n)	agjenci funeralesh (f)	[aɟɛntsí funɛráleʃ]
Möbel (n)	orendi (f)	[orɛndí]
Kleidung (f)	rroba (f)	[róba]
Hotel (n)	hotel (m)	[hotél]

Eis (n)	akullore (f)	[akuɫórɛ]
Industrie (f)	industri (f)	[industrí]
Versicherung (f)	sigurim (m)	[sigurím]
Internet (n)	internet (m)	[intɛrnét]
Investitionen (pl)	investim (m)	[invɛstím]

Juwelier (m)	argjendar (m)	[arɟendár]
Juwelierwaren (pl)	bizhuteri (f)	[biʒutɛrí]
Wäscherei (f)	lavanteri (f)	[lavantɛrí]
Rechtsberatung (f)	këshilltar ligjor (m)	[kəʃiɫtár liɟór]
Leichtindustrie (f)	industri e lehtë (f)	[industrí ɛ léhtə]

Zeitschrift (f)	revistë (f)	[rɛvístə]
Versandhandel (m)	shitje me katalog (f)	[ʃítjɛ mɛ katalóg]
Medizin (f)	mjekësi (f)	[mjɛkəsí]
Kino (Filmtheater)	kinema (f)	[kinɛmá]
Museum (n)	muze (m)	[muzé]

Nachrichtenagentur (f)	agjenci lajmesh (f)	[aɟɛntsí lájmɛʃ]
Zeitung (f)	gazetë (f)	[gazétə]
Nachtklub (m)	klub nate (m)	[klúb nátɛ]
Erdöl (n)	naftë (f)	[náftə]

Kurierdienst (m)	shërbime postare (f)	[ʃərbímɛ postárɛ]
Pharmaindustrie (f)	industria farmaceutike (f)	[industría farmatsɛutíkɛ]
Druckindustrie (f)	shtyp (m)	[ʃtyp]
Verlag (m)	shtëpi botuese (f)	[ʃtəpí botúɛsɛ]
Rundfunk (m)	radio (f)	[rádio]
Immobilien (pl)	patundshmëri (f)	[patundʃmərí]
Restaurant (n)	restorant (m)	[rɛstoránt]
Sicherheitsagentur (f)	kompani sigurimi (f)	[kompaní sigurími]
Sport (m)	sport (m)	[sport]
Börse (f)	bursë (f)	[búrsə]
Laden (m)	dyqan (m)	[dycán]
Supermarkt (m)	supermarket (m)	[supɛrmarkét]
Schwimmbad (n)	pishinë (f)	[piʃínə]
Atelier (n)	rrobaqepësi (f)	[robacɛpəsí]
Fernsehen (n)	televizor (m)	[tɛlɛvizór]
Theater (n)	teatër (m)	[tɛátər]
Handel (m)	tregti (f)	[trɛgtí]
Transporte (pl)	transport (m)	[transpórt]
Reisen (pl)	udhëtim (m)	[uðətím]
Tierarzt (m)	veteriner (m)	[vɛtɛrinér]
Warenlager (n)	magazinë (f)	[magazínə]
Müllabfuhr (f)	mbledhja e mbeturinave (f)	[mbléðja ɛ mbɛturínavɛ]

Arbeit. Geschäft. Teil 2

83. Show. Ausstellung

Deutsch	Albanisch	Aussprache
Ausstellung (f)	ekspozitë (f)	[ɛkspozítə]
Handelsausstellung (f)	panair (m)	[panaír]
Teilnahme (f)	pjesëmarrje (f)	[pjɛsəmárjɛ]
teilnehmen (vi)	marr pjesë	[mar pjésə]
Teilnehmer (m)	pjesëmarrës (m)	[pjɛsəmárəs]
Direktor (m)	drejtor (m)	[drɛjtór]
Messeverwaltung (f)	zyra drejtuese (f)	[zýra drɛjtúɛsɛ]
Organisator (m)	organizator (m)	[organizatór]
veranstalten (vt)	organizoj	[organizój]
Anmeldeformular (n)	kërkesë për pjesëmarrje (f)	[kərkésə pər pjɛsəmárjɛ]
ausfüllen (vt)	plotësoj	[plotəsój]
Details (pl)	hollësi (pl)	[hoɫəsí]
Information (f)	informacion (m)	[informatsión]
Preis (m)	çmim (m)	[tʃmím]
einschließlich	përfshirë	[pərfʃírə]
einschließen (vt)	përfshij	[pərfʃíj]
zahlen (vt)	paguaj	[pagúaj]
Anmeldegebühr (f)	taksa e regjistrimit (f)	[táksa ɛ rɛɟistrímit]
Eingang (m)	hyrje (f)	[hýrjɛ]
Pavillon (m)	pavijon (m)	[pavijón]
registrieren (vt)	regjistroj	[rɛɟistrój]
Namensschild (n)	kartë identifikimi (f)	[kártə idɛntifikími]
Stand (m)	kioskë (f)	[kióskə]
reservieren (vt)	rezervoj	[rɛzɛrvój]
Vitrine (f)	vitrinë (f)	[vitrínə]
Strahler (m)	dritë (f)	[drítə]
Design (n)	dizajn (m)	[dizájn]
stellen (vt)	vendos	[vɛndós]
gelegen sein	vendosur	[vɛndósur]
Distributor (m)	distributor (m)	[distributór]
Lieferant (m)	furnitor (m)	[furnitór]
liefern (vt)	furnizoj	[furnizój]
Land (n)	shtet (m)	[ʃtɛt]
ausländisch	huaj	[húaj]
Produkt (n)	produkt (m)	[prodúkt]
Assoziation (f)	shoqatë (f)	[ʃocátə]
Konferenzraum (m)	sallë konference (f)	[sátə konfɛréntsɛ]

| Kongress (m) | kongres (m) | [koŋrés] |
| Wettbewerb (m) | konkurs (m) | [konkúrs] |

Besucher (m)	vizitor (m)	[vizitór]
besuchen (vt)	vizitoj	[vizitój]
Auftraggeber (m)	klient (m)	[kliént]

84. Wissenschaft. Forschung. Wissenschaftler

Wissenschaft (f)	shkencë (f)	[ʃkéntsə]
wissenschaftlich	shkencore	[ʃkɛntsórɛ]
Wissenschaftler (m)	shkencëtar (m)	[ʃkɛntsətár]
Theorie (f)	teori (f)	[tɛorí]

Axiom (n)	aksiomë (f)	[aksiómə]
Analyse (f)	analizë (f)	[analízə]
analysieren (vt)	analizoj	[analizój]
Argument (n)	argument (m)	[argumént]
Substanz (f)	substancë (f)	[substántsə]

Hypothese (f)	hipotezë (f)	[hipotézə]
Dilemma (n)	dilemë (f)	[dilémə]
Dissertation (f)	disertacion (m)	[disɛrtatsión]
Dogma (n)	dogma (f)	[dógma]

Doktrin (f)	doktrinë (f)	[doktrínə]
Forschung (f)	kërkim (m)	[kərkím]
forschen (vi)	kërkoj	[kərkój]
Kontrolle (f)	analizë (f)	[analízə]
Labor (n)	laborator (m)	[laboratór]

Methode (f)	metodë (f)	[mɛtódə]
Molekül (n)	molekulë (f)	[molɛkúlə]
Monitoring (n)	monitorim (m)	[monitorím]
Entdeckung (f)	zbulim (m)	[zbulím]

Postulat (n)	postulat (m)	[postulát]
Prinzip (n)	parim (m)	[parím]
Prognose (f)	parashikim (m)	[paraʃikím]
prognostizieren (vt)	parashikoj	[paraʃikój]

Synthese (f)	sintezë (f)	[sintézə]
Tendenz (f)	trend (m)	[trɛnd]
Theorem (n)	teoremë (f)	[tɛorémə]

Lehre (Doktrin)	mësim (m)	[məsím]
Tatsache (f)	fakt (m)	[fakt]
Expedition (f)	ekspeditë (f)	[ɛkspɛdítə]
Experiment (n)	eksperiment (m)	[ɛkspɛrimént]

Akademiemitglied (n)	akademik (m)	[akadɛmík]
Bachelor (m)	baçelor (m)	[bátʃɛlor]
Doktor (m)	doktor shkencash (m)	[doktór ʃkéntsaʃ]
Dozent (m)	Profesor i Asociuar (m)	[profɛsór i asotsiúar]

| Magister (m) | Master (m) | [mastér] |
| Professor (m) | profesor (m) | [profɛsór] |

Berufe und Tätigkeiten

85. Arbeitsuche. Kündigung

Arbeit (f), Stelle (f)	punë (f)	[púnə]
Belegschaft (f)	staf (m)	[staf]
Personal (n)	personel (m)	[pɛrsonél]
Karriere (f)	karrierë (f)	[kariérə]
Perspektive (f)	mundësi (f)	[mundəsí]
Können (n)	aftësi (f)	[aftəsí]
Auswahl (f)	përzgjedhje (f)	[pərzɟéðjɛ]
Personalagentur (f)	agjenci punësimi (f)	[aɟɛntsí punəsími]
Lebenslauf (m)	resume (f)	[rɛsumé]
Vorstellungsgespräch (n)	intervistë punësimi (f)	[intɛrvístə punəsími]
Vakanz (f)	vend i lirë pune (m)	[vɛnd i lírə púnɛ]
Gehalt (n)	rrogë (f)	[rógə]
festes Gehalt (n)	rrogë fikse (f)	[rógə fíksɛ]
Arbeitslohn (m)	pagesë (f)	[pagésə]
Stellung (f)	post (m)	[post]
Pflicht (f)	detyrë (f)	[dɛtýrə]
Aufgabenspektrum (n)	lista e detyrave (f)	[lísta ɛ dɛtýravɛ]
beschäftigt	i zënë	[i zénə]
kündigen (vt)	pushoj nga puna	[puʃój ŋa púna]
Kündigung (f)	pushim nga puna (m)	[puʃím ŋa púna]
Arbeitslosigkeit (f)	papunësi (m)	[papunəsí]
Arbeitslose (m)	i papunë (m)	[i papúnə]
Rente (f), Ruhestand (m)	pension (m)	[pɛnsión]
in Rente gehen	dal në pension	[dál nə pɛnsión]

86. Geschäftsleute

Direktor (m)	drejtor (m)	[drɛjtór]
Leiter (m)	drejtor (m)	[drɛjtór]
Boss (m)	bos (m)	[bos]
Vorgesetzte (m)	epror (m)	[ɛprór]
Vorgesetzten (pl)	eprorët (pl)	[ɛprórət]
Präsident (m)	president (m)	[prɛsidént]
Vorsitzende (m)	kryetar (m)	[kryɛtár]
Stellvertreter (m)	zëvendës (m)	[zəvéndəs]
Helfer (m)	ndihmës (m)	[ndíhməs]

Sekretär (m)	sekretar (m)	[sɛkrɛtár]
Privatsekretär (m)	ndihmës personal (m)	[ndíhməs pɛrsonál]
Geschäftsmann (m)	biznesmen (m)	[biznɛsmén]
Unternehmer (m)	sipërmarrës (m)	[sipərmárəs]
Gründer (m)	themelues (m)	[θɛmɛlúɛs]
gründen (vt)	themeloj	[θɛmɛlój]
Gründungsmitglied (n)	bashkëthemelues (m)	[baʃkəθɛmɛlúɛs]
Partner (m)	partner (m)	[partnér]
Aktionär (m)	aksioner (m)	[aksionér]
Millionär (m)	milioner (m)	[milionér]
Milliardär (m)	bilioner (m)	[bilionér]
Besitzer (m)	pronar (m)	[pronár]
Landbesitzer (m)	pronar tokash (m)	[pronár tókaʃ]
Kunde (m)	klient (m)	[kliént]
Stammkunde (m)	klient i rregullt (m)	[kliént i réguɫt]
Käufer (m)	blerës (m)	[blérəs]
Besucher (m)	vizitor (m)	[vizitór]
Fachmann (m)	profesionist (m)	[profɛsioníst]
Experte (m)	ekspert (m)	[ɛkspért]
Spezialist (m)	specialist (m)	[spɛtsialíst]
Bankier (m)	bankier (m)	[bankiér]
Makler (m)	komisioner (m)	[komisionér]
Kassierer (m)	arkëtar (m)	[arkətár]
Buchhalter (m)	kontabilist (m)	[kontabilíst]
Wächter (m)	roje sigurimi (m)	[rójɛ sigurími]
Investor (m)	investitor (m)	[invɛstitór]
Schuldner (m)	debitor (m)	[dɛbitór]
Gläubiger (m)	kreditor (m)	[krɛditór]
Kreditnehmer (m)	huamarrës (m)	[huamárəs]
Importeur (m)	importues (m)	[importúɛs]
Exporteur (m)	eksportues (m)	[ɛksportúɛs]
Hersteller (m)	prodhues (m)	[proðúɛs]
Distributor (m)	distributor (m)	[distributór]
Vermittler (m)	ndërmjetës (m)	[ndərmjétəs]
Berater (m)	këshilltar (m)	[kəʃiɫtár]
Vertreter (m)	përfaqësues i shitjeve (m)	[pərfacəsúɛs i ʃitjévɛ]
Agent (m)	agjent (m)	[aɟént]
Versicherungsagent (m)	agjent sigurimesh (m)	[aɟént sigurímɛʃ]

87. Dienstleistungsberufe

Koch (m)	kuzhinier (m)	[kuʒiniér]
Chefkoch (m)	shef kuzhine (m)	[ʃɛf kuʒínɛ]

Bäcker (m)	furrtar (m)	[furtár]
Barmixer (m)	banakier (m)	[banakiér]
Kellner (m)	kamerier (m)	[kamɛriér]
Kellnerin (f)	kameriere (f)	[kamɛriérɛ]

Rechtsanwalt (m)	avokat (m)	[avokát]
Jurist (m)	jurist (m)	[juríst]
Notar (m)	noter (m)	[notér]

Elektriker (m)	elektricist (m)	[ɛlɛktritsíst]
Klempner (m)	hidraulik (m)	[hidraulík]
Zimmermann (m)	marangoz (m)	[maraŋóz]

Masseur (m)	masazhist (m)	[masaʒíst]
Masseurin (f)	masazhiste (f)	[masaʒístɛ]
Arzt (m)	mjek (m)	[mjék]

Taxifahrer (m)	shofer taksie (m)	[ʃofér taksíɛ]
Fahrer (m)	shofer (m)	[ʃofér]
Ausfahrer (m)	postier (m)	[postiér]

Zimmermädchen (n)	pastruese (f)	[pastrúɛsɛ]
Wächter (m)	roje sigurimi (m)	[rójɛ sigurími]
Flugbegleiterin (f)	stjuardesë (f)	[stjuardésə]

Lehrer (m)	mësues (m)	[məsúɛs]
Bibliothekar (m)	punonjës biblioteke (m)	[punóɲəs bibliotékɛ]
Übersetzer (m)	përkthyes (m)	[pərkθýɛs]
Dolmetscher (m)	përkthyes (m)	[pərkθýɛs]
Fremdenführer (m)	udhërrëfyes (m)	[uðərəfýɛs]

Friseur (m)	parukiere (f)	[parukiérɛ]
Briefträger (m)	postier (m)	[postiér]
Verkäufer (m)	shitës (m)	[ʃítəs]

Gärtner (m)	kopshtar (m)	[kopʃtár]
Diener (m)	shërbëtor (m)	[ʃərbətór]
Magd (f)	shërbëtore (f)	[ʃərbətórɛ]
Putzfrau (f)	pastruese (f)	[pastrúɛsɛ]

88. Militärdienst und Ränge

einfacher Soldat (m)	ushtar (m)	[uʃtár]
Feldwebel (m)	rreshter (m)	[rɛʃtér]
Leutnant (m)	toger (m)	[togér]
Hauptmann (m)	kapiten (m)	[kapitén]

Major (m)	major (m)	[majór]
Oberst (m)	kolonel (m)	[kolonél]
General (m)	gjeneral (m)	[ɟɛnɛrál]
Marschall (m)	marshall (m)	[marʃáł]
Admiral (m)	admiral (m)	[admirál]
Militärperson (f)	ushtri (f)	[uʃtrí]
Soldat (m)	ushtar (m)	[uʃtár]

| Offizier (m) | oficer (m) | [ofitsér] |
| Kommandeur (m) | komandant (m) | [komandánt] |

Grenzsoldat (m)	roje kufiri (m)	[rójɛ kufíri]
Funker (m)	radist (m)	[radíst]
Aufklärer (m)	eksplorues (m)	[ɛksplorúɛs]
Pionier (m)	xhenier (m)	[dʒɛniér]
Schütze (m)	shënjues (m)	[ʃəɲúɛs]
Steuermann (m)	navigues (m)	[navigúɛs]

89. Beamte. Priester

| König (m) | mbret (m) | [mbrét] |
| Königin (f) | mbretëreshë (f) | [mbrɛtəréʃə] |

| Prinz (m) | princ (m) | [prints] |
| Prinzessin (f) | princeshë (f) | [printséʃə] |

| Zar (m) | car (m) | [tsár] |
| Zarin (f) | carina (f) | [tsarína] |

Präsident (m)	president (m)	[prɛsidént]
Minister (m)	ministër (m)	[minístər]
Ministerpräsident (m)	kryeministër (m)	[kryɛminístər]
Senator (m)	senator (m)	[sɛnatór]

Diplomat (m)	diplomat (m)	[diplomát]
Konsul (m)	konsull (m)	[kónsuɫ]
Botschafter (m)	ambasador (m)	[ambasadór]
Ratgeber (m)	këshilltar diplomatik (m)	[kəʃiɫtár diplomatík]

Beamte (m)	zyrtar (m)	[zyrtár]
Präfekt (m)	prefekt (m)	[prɛfékt]
Bürgermeister (m)	kryetar komune (m)	[kryɛtár komúnɛ]

| Richter (m) | gjykatës (m) | [ɟykátəs] |
| Staatsanwalt (m) | prokuror (m) | [prokurór] |

Missionar (m)	misionar (m)	[misionár]
Mönch (m)	murg (m)	[murg]
Abt (m)	abat (m)	[abát]
Rabbiner (m)	rabin (m)	[rabín]

Wesir (m)	vezir (m)	[vɛzír]
Schah (n)	shah (m)	[ʃah]
Scheich (m)	sheik (m)	[ʃéik]

90. Landwirtschaftliche Berufe

Bienenzüchter (m)	bletar (m)	[blɛtár]
Hirt (m)	bari (m)	[barí]
Agronom (m)	agronom (m)	[agronóm]

| Viehzüchter (m) | rritës bagëtish (m) | [rítəs bagətíʃ] |
| Tierarzt (m) | veteriner (m) | [vɛtɛrinér] |

Farmer (m)	fermer (m)	[fɛrmér]
Winzer (m)	prodhues verërash (m)	[proðúɛs vérəraʃ]
Zoologe (m)	zoolog (m)	[zoológ]
Cowboy (m)	lopar (m)	[lopár]

91. Künstler

| Schauspieler (m) | aktor (m) | [aktór] |
| Schauspielerin (f) | aktore (f) | [aktórɛ] |

| Sänger (m) | këngëtar (m) | [kəŋətár] |
| Sängerin (f) | këngëtare (f) | [kəŋətárɛ] |

| Tänzer (m) | valltar (m) | [vaɫtár] |
| Tänzerin (f) | valltare (f) | [vaɫtárɛ] |

| Künstler (m) | artist (m) | [artíst] |
| Künstlerin (f) | artiste (f) | [artístɛ] |

Musiker (m)	muzikant (m)	[muzikánt]
Pianist (m)	pianist (m)	[pianíst]
Gitarrist (m)	kitarist (m)	[kitaríst]

Dirigent (m)	dirigjent (m)	[diriɟént]
Komponist (m)	kompozitor (m)	[kompozitór]
Manager (m)	organizator (m)	[organizatór]

Regisseur (m)	regjisor (m)	[rɛɟisór]
Produzent (m)	producent (m)	[produtsént]
Drehbuchautor (m)	skenarist (m)	[skɛnaríst]
Kritiker (m)	kritik (m)	[kritík]

Schriftsteller (m)	shkrimtar (m)	[ʃkrimtár]
Dichter (m)	poet (m)	[poét]
Bildhauer (m)	skulptor (m)	[skulptór]
Maler (m)	piktor (m)	[piktór]

Jongleur (m)	zhongler (m)	[ʒoŋlér]
Clown (m)	kloun (m)	[kloún]
Akrobat (m)	akrobat (m)	[akrobát]
Zauberkünstler (m)	magjistar (m)	[maɟistár]

92. Verschiedene Berufe

Arzt (m)	mjek (m)	[mjék]
Krankenschwester (f)	infermiere (f)	[infɛrmiérɛ]
Psychiater (m)	psikiatër (m)	[psikiátər]
Zahnarzt (m)	dentist (m)	[dɛntíst]
Chirurg (m)	kirurg (m)	[kirúrg]

T&P Books. Wortschatz Deutsch-Albanisch für das Selbststudium - 5000 Wörter

Astronaut (m)	astronaut (m)	[astronaút]
Astronom (m)	astronom (m)	[astronóm]
Pilot (m)	pilot (m)	[pilót]

Fahrer (Taxi-)	shofer (m)	[ʃofér]
Lokomotivführer (m)	makinist (m)	[makiníst]
Mechaniker (m)	mekanik (m)	[mɛkaník]

Bergarbeiter (m)	minator (m)	[minatór]
Arbeiter (m)	punëtor (m)	[punətór]
Schlosser (m)	bravandreqës (m)	[bravandrécəs]
Tischler (m)	marangoz (m)	[maraŋóz]
Dreher (m)	tornitor (m)	[tornitór]
Bauarbeiter (m)	punëtor ndërtimi (m)	[punətór ndərtími]
Schweißer (m)	saldator (m)	[saldatór]

Professor (m)	profesor (m)	[profɛsór]
Architekt (m)	arkitekt (m)	[arkitékt]
Historiker (m)	historian (m)	[historián]
Wissenschaftler (m)	shkencëtar (m)	[ʃkɛntsətár]
Physiker (m)	fizikant (m)	[fizikánt]
Chemiker (m)	kimist (m)	[kimíst]

Archäologe (m)	arkeolog (m)	[arkɛológ]
Geologe (m)	gjeolog (m)	[ɟɛológ]
Forscher (m)	studiues (m)	[studiúɛs]

| Kinderfrau (f) | dado (f) | [dádo] |
| Lehrer (m) | mësues (m) | [məsúɛs] |

Redakteur (m)	redaktor (m)	[rɛdaktór]
Chefredakteur (m)	kryeredaktor (m)	[kryɛrɛdaktór]
Korrespondent (m)	korrespondent (m)	[korɛspondént]
Schreibkraft (f)	daktilografiste (f)	[daktilografístɛ]

Designer (m)	projektues (m)	[projɛktúɛs]
Computerspezialist (m)	ekspert kompjuterësh (m)	[ɛkspért kompjutérəʃ]
Programmierer (m)	programues (m)	[programúɛs]
Ingenieur (m)	inxhinier (m)	[indʒiniér]

Seemann (m)	marinar (m)	[marinár]
Matrose (m)	marinar (m)	[marinár]
Retter (m)	shpëtimtar (m)	[ʃpətimtár]

Feuerwehrmann (m)	zjarrfikës (m)	[zjarfíkəs]
Polizist (m)	polic (m)	[políts]
Nachtwächter (m)	roje (f)	[rójɛ]
Detektiv (m)	detektiv (m)	[dɛtɛktív]

Zollbeamter (m)	doganier (m)	[doganiér]
Leibwächter (m)	truprojë (f)	[truprójə]
Gefängniswärter (m)	gardian burgu (m)	[gardián búrgu]
Inspektor (m)	inspektor (m)	[inspɛktór]

| Sportler (m) | sportist (m) | [sportíst] |
| Trainer (m) | trajner (m) | [trajnér] |

Fleischer (m)	kasap (m)	[kasáp]
Schuster (m)	këpucëtar (m)	[kəputsətár]
Geschäftsmann (m)	tregtar (m)	[trɛgtár]
Ladearbeiter (m)	ngarkues (m)	[ŋarkúɛs]

| Modedesigner (m) | stilist (m) | [stilíst] |
| Modell (n) | modele (f) | [modélɛ] |

93. Beschäftigung. Sozialstatus

| Schüler (m) | nxënës (m) | [ndzénəs] |
| Student (m) | student (m) | [studént] |

Philosoph (m)	filozof (m)	[filozóf]
Ökonom (m)	ekonomist (m)	[ɛkonomíst]
Erfinder (m)	shpikës (m)	[ʃpíkəs]

Arbeitslose (m)	i papunë (m)	[i papúnə]
Rentner (m)	pensionist (m)	[pɛnsioníst]
Spion (m)	spiun (m)	[spiún]

Gefangene (m)	i burgosur (m)	[i burgósur]
Streikender (m)	grevist (m)	[grɛvíst]
Bürokrat (m)	burokrat (m)	[burokrát]
Reisende (m)	udhëtar (m)	[uðətár]

Homosexuelle (m)	homoseksual (m)	[homosɛksuál]
Hacker (m)	haker (m)	[hakér]
Hippie (m)	hipik (m)	[hipík]

Bandit (m)	bandit (m)	[bandít]
Killer (m)	vrasës (m)	[vrásəs]
Drogenabhängiger (m)	narkoman (m)	[narkomán]
Drogenhändler (m)	trafikant droge (m)	[trafikánt drógɛ]
Prostituierte (f)	prostitutë (f)	[prostitútə]
Zuhälter (m)	tutor (m)	[tutór]

Zauberer (m)	magjistar (m)	[maɟistár]
Zauberin (f)	shtrigë (f)	[ʃtrígə]
Seeräuber (m)	pirat (m)	[pirát]
Sklave (m)	skllav (m)	[skɫav]
Samurai (m)	samurai (m)	[samurái]
Wilde (m)	i egër (m)	[i égər]

Ausbildung

94. Schule

Schule (f)	shkollë (f)	[ʃkótə]
Schulleiter (m)	drejtor shkolle (m)	[drɛjtór ʃkótɛ]

Schüler (m)	nxënës (m)	[ndzǽnəs]
Schülerin (f)	nxënëse (f)	[ndzǽnəsɛ]
Schuljunge (m)	nxënës (m)	[ndzǽnəs]
Schulmädchen (f)	nxënëse (f)	[ndzǽnəsɛ]

lehren (vt)	jap mësim	[jap məsím]
lernen (Englisch ~)	mësoj	[məsój]
auswendig lernen	mësoj përmendësh	[məsój pərméndəʃ]

lernen (vi)	mësoj	[məsój]
in der Schule sein	jam në shkollë	[jam nə ʃkótə]
die Schule besuchen	shkoj në shkollë	[ʃkoj nə ʃkótə]

Alphabet (n)	alfabet (m)	[alfabét]
Fach (n)	lëndë (f)	[lə́ndə]

Klassenraum (m)	klasë (f)	[klásə]
Stunde (f)	mësim (m)	[məsím]
Pause (f)	pushim (m)	[puʃím]
Schulglocke (f)	zile e shkollës (f)	[zílɛ ɛ ʃkótəs]
Schulbank (f)	bankë e shkollës (f)	[bánkə ɛ ʃkótəs]
Tafel (f)	tabelë e zezë (f)	[tabélə ɛ zézə]

Note (f)	notë (f)	[nótə]
gute Note (f)	notë e mirë (f)	[nótə ɛ mírə]
schlechte Note (f)	notë e keqe (f)	[nótə ɛ kécɛ]
eine Note geben	vendos notë	[vɛndós nótə]

Fehler (m)	gabim (m)	[gabím]
Fehler machen	bëj gabime	[bəj gabímɛ]
korrigieren (vt)	korrigjoj	[koriɟój]
Spickzettel (m)	kopje (f)	[kópjɛ]

Hausaufgabe (f)	detyrë shtëpie (f)	[dɛtýrə ʃtəpíɛ]
Übung (f)	ushtrim (m)	[uʃtrím]

anwesend sein	jam prezent	[jam prɛzént]
fehlen (in der Schule ~)	mungoj	[muŋój]
versäumen (Schule ~)	mungoj në shkollë	[muŋój nə ʃkótə]

bestrafen (vt)	ndëshkoj	[ndəʃkój]
Strafe (f)	ndëshkim (m)	[ndəʃkím]
Benehmen (n)	sjellje (f)	[sjétjɛ]

Zeugnis (n)	dëftesë (f)	[dəftésə]
Bleistift (m)	laps (m)	[láps]
Radiergummi (m)	gomë (f)	[gómə]
Kreide (f)	shkumës (m)	[ʃkúməs]
Federkasten (m)	portofol lapsash (m)	[portofól lápsaʃ]

Schulranzen (m)	çantë shkolle (f)	[tʃántə ʃkóɫɛ]
Kugelschreiber, Stift (m)	stilolaps (m)	[stiloláps]
Heft (n)	fletore (f)	[flɛtórɛ]
Lehrbuch (n)	tekst mësimor (m)	[tɛkst məsimór]
Zirkel (m)	kompas (m)	[kompás]

zeichnen (vt)	vizatoj	[vizatój]
Zeichnung (f)	vizatim teknik (m)	[vizatím tɛkník]

Gedicht (n)	poezi (f)	[poɛzí]
auswendig (Adv)	përmendësh	[pərméndəʃ]
auswendig lernen	mësoj përmendësh	[məsój pərméndəʃ]

Ferien (pl)	pushimet e shkollës (m)	[puʃímɛt ɛ ʃkóɫəs]
in den Ferien sein	jam me pushime	[jam mɛ puʃímɛ]
Ferien verbringen	kaloj pushimet	[kalój puʃímɛt]

Test (m), Prüfung (f)	test (m)	[tɛst]
Aufsatz (m)	ese (f)	[ɛsé]
Diktat (n)	diktim (m)	[diktím]
Prüfung (f)	provim (m)	[provím]
Prüfungen ablegen	kam provim	[kam provím]
Experiment (n)	eksperiment (m)	[ɛkspɛrimént]

95. Hochschule. Universität

Akademie (f)	akademi (f)	[akadɛmí]
Universität (f)	universitet (m)	[univɛrsitét]
Fakultät (f)	fakultet (m)	[fakultét]

Student (m)	student (m)	[studént]
Studentin (f)	studente (f)	[studéntɛ]
Lehrer (m)	pedagog (m)	[pɛdagóg]

Hörsaal (m)	auditor (m)	[auditór]
Hochschulabsolvent (m)	i diplomuar (m)	[i diplomúar]

Diplom (n)	diplomë (f)	[diplómə]
Dissertation (f)	disertacion (m)	[disɛrtatsión]

Forschung (f)	studim (m)	[studím]
Labor (n)	laborator (m)	[laboratór]

Vorlesung (f)	leksion (m)	[lɛksión]
Kommilitone (m)	shok kursi (m)	[ʃok kúrsi]

Stipendium (n)	bursë (f)	[búrsə]
akademischer Grad (m)	diplomë akademike (f)	[diplómə akadɛmíkɛ]

96. Naturwissenschaften. Fächer

Mathematik (f)	matematikë (f)	[matɛmatíkə]
Algebra (f)	algjebër (f)	[aʎébər]
Geometrie (f)	gjeometri (f)	[ʝɛomɛtrí]

Astronomie (f)	astronomi (f)	[astronomí]
Biologie (f)	biologji (f)	[bioloʝí]
Erdkunde (f)	gjeografi (f)	[ʝɛografí]
Geologie (f)	gjeologji (f)	[ʝɛoloʝí]
Geschichte (f)	histori (f)	[historí]

Medizin (f)	mjekësi (f)	[mjɛkəsí]
Pädagogik (f)	pedagogji (f)	[pɛdagoʝí]
Recht (n)	drejtësi (f)	[drɛjtəsí]

Physik (f)	fizikë (f)	[fizíkə]
Chemie (f)	kimi (f)	[kimí]
Philosophie (f)	filozofi (f)	[filozofí]
Psychologie (f)	psikologji (f)	[psikoloʝí]

97. Schrift Rechtschreibung

Grammatik (f)	gramatikë (f)	[gramatíkə]
Lexik (f)	fjalor (m)	[fjalór]
Phonetik (f)	fonetikë (f)	[fonɛtíkə]

Substantiv (n)	emër (m)	[émər]
Adjektiv (n)	mbiemër (m)	[mbiémər]
Verb (n)	folje (f)	[fóljɛ]
Adverb (n)	ndajfolje (f)	[ndajfóljɛ]

Pronomen (n)	përemër (m)	[pərémər]
Interjektion (f)	pasthirrmë (f)	[pasθírmə]
Präposition (f)	parafjalë (f)	[parafjálə]

Wurzel (f)	rrënjë (f)	[réɲə]
Endung (f)	fundore (f)	[fundórɛ]
Vorsilbe (f)	parashtesë (f)	[paraʃtésə]
Silbe (f)	rrokje (f)	[rókjɛ]
Suffix (n), Nachsilbe (f)	prapashtesë (f)	[prapaʃtésə]

| Betonung (f) | theks (m) | [θɛks] |
| Apostroph (m) | apostrof (m) | [apostróf] |

Punkt (m)	pikë (f)	[píkə]
Komma (n)	presje (f)	[présjɛ]
Semikolon (n)	pikëpresje (f)	[pikəprésjɛ]
Doppelpunkt (m)	dy pika (f)	[dy píka]
Auslassungspunkte (pl)	tre pika (f)	[trɛ píka]

| Fragezeichen (n) | pikëpyetje (f) | [pikəpýɛtjɛ] |
| Ausrufezeichen (n) | pikëçuditje (f) | [pikətʃudítjɛ] |

Anführungszeichen (pl)	thonjëza (f)	[θóɲəza]
in Anführungszeichen	në thonjëza	[nə θóɲəza]
runde Klammern (pl)	kllapa (f)	[kɫápa]
in Klammern	brenda kllapave	[brénda kɫápavɛ]

Bindestrich (m)	vizë ndarëse (f)	[vízə ndárəsɛ]
Gedankenstrich (m)	vizë (f)	[vízə]
Leerzeichen (n)	hapësirë (f)	[hapəsírə]

| Buchstabe (m) | shkronjë (f) | [ʃkróɲə] |
| Großbuchstabe (m) | shkronjë e madhe (f) | [ʃkróɲə ɛ máðɛ] |

| Vokal (m) | zanore (f) | [zanórɛ] |
| Konsonant (m) | bashkëtingëllore (f) | [baʃkətiŋəɫórɛ] |

Satz (m)	fjali (f)	[fjalí]
Subjekt (n)	kryefjalë (f)	[kryɛfjálə]
Prädikat (n)	kallëzues (m)	[kaɫəzúɛs]

Zeile (f)	rresht (m)	[réʃt]
in einer neuen Zeile	rresht i ri	[réʃt i rí]
Absatz (m)	paragraf (m)	[paragráf]

Wort (n)	fjalë (f)	[fjálə]
Wortverbindung (f)	grup fjalësh (m)	[grup fjáləʃ]
Redensart (f)	shprehje (f)	[ʃpréhjɛ]
Synonym (n)	sinonim (m)	[sinoním]
Antonym (n)	antonim (m)	[antoním]

Regel (f)	rregull (m)	[réguɫ]
Ausnahme (f)	përjashtim (m)	[pərjaʃtím]
richtig (Adj)	saktë	[sáktə]

Konjugation (f)	lakim (m)	[lakím]
Deklination (f)	rasë	[rásə]
Kasus (m)	rasë emërore (f)	[rásə ɛmərórɛ]
Frage (f)	pyetje (f)	[pýɛtjɛ]
unterstreichen (vt)	nënvijëzoj	[nənvijəzój]
punktierte Linie (f)	vijë me ndërprerje (f)	[víjə mɛ ndərprérjɛ]

98. Fremdsprachen

Sprache (f)	gjuhë (f)	[ɟúhə]
Fremd-	huaj	[húaj]
Fremdsprache (f)	gjuhë e huaj (f)	[ɟúhə ɛ húaj]
studieren (z.B. Jura ~)	studioj	[studiój]
lernen (Englisch ~)	mësoj	[məsój]

lesen (vi, vt)	lexoj	[lɛdzój]
sprechen (vi, vt)	flas	[flas]
verstehen (vt)	kuptoj	[kuptój]
schreiben (vi, vt)	shkruaj	[ʃkrúaj]
schnell (Adv)	shpejt	[ʃpɛjt]
langsam (Adv)	ngadalë	[ŋadálə]

fließend (Adv)	rrjedhshëm	[rjéðʃəm]
Regeln (pl)	rregullat (pl)	[réguɫat]
Grammatik (f)	gramatikë (f)	[gramatíkə]
Vokabular (n)	fjalor (m)	[fjalór]
Phonetik (f)	fonetikë (f)	[fonɛtíkə]
Lehrbuch (n)	tekst mësimor (m)	[tɛkst məsimór]
Wörterbuch (n)	fjalor (m)	[fjalór]
Selbstlernbuch (n)	libër i mësimit autodidakt (m)	[líbər i məsímit autodidákt]
Sprachführer (m)	libër frazeologjik (m)	[líbər frazɛoloɟík]
Kassette (f)	kasetë (f)	[kasétə]
Videokassette (f)	videokasetë (f)	[vidɛokasétə]
CD (f)	CD (f)	[tsɛdé]
DVD (f)	DVD (m)	[dividí]
Alphabet (n)	alfabet (m)	[alfabét]
buchstabieren (vt)	gërmëzoj	[gərməzój]
Aussprache (f)	shqiptim (m)	[ʃciptím]
Akzent (m)	aksent (m)	[aksént]
mit Akzent	me aksent	[mɛ aksént]
ohne Akzent	pa aksent	[pa aksént]
Wort (n)	fjalë (f)	[fjálə]
Bedeutung (f)	kuptim (m)	[kuptím]
Kurse (pl)	kurs (m)	[kurs]
sich einschreiben	regjistrohem	[rɛɟistróhɛm]
Lehrer (m)	mësues (m)	[məsúɛs]
Übertragung (f)	përkthim (m)	[pərkθím]
Übersetzung (f)	përkthim (m)	[pərkθím]
Übersetzer (m)	përkthyes (m)	[pərkθýɛs]
Dolmetscher (m)	përkthyes (m)	[pərkθýɛs]
Polyglott (m, f)	poliglot (m)	[poliglót]
Gedächtnis (n)	kujtesë (f)	[kujtésə]

Erholung. Unterhaltung. Reisen

99. Ausflug. Reisen

Tourismus (m)	turizëm (m)	[turízəm]
Tourist (m)	turist (m)	[turíst]
Reise (f)	udhëtim (m)	[uðətím]
Abenteuer (n)	aventurë (f)	[avɛntúrə]
Fahrt (f)	udhëtim (m)	[uðətím]
Urlaub (m)	pushim (m)	[puʃím]
auf Urlaub sein	jam me pushime	[jam mɛ puʃímɛ]
Erholung (f)	pushim (m)	[puʃím]
Zug (m)	tren (m)	[trɛn]
mit dem Zug	me tren	[mɛ trén]
Flugzeug (n)	avion (m)	[avión]
mit dem Flugzeug	me avion	[mɛ avión]
mit dem Auto	me makinë	[mɛ makínə]
mit dem Schiff	me anije	[mɛ aníjɛ]
Gepäck (n)	bagazh (m)	[bagáʒ]
Koffer (m)	valixhe (f)	[valídʒɛ]
Gepäckwagen (m)	karrocë bagazhesh (f)	[karótsə bagáʒɛʃ]
Pass (m)	pasaportë (f)	[pasapórtə]
Visum (n)	vizë (f)	[vízə]
Fahrkarte (f)	biletë (f)	[bilétə]
Flugticket (n)	biletë avioni (f)	[bilétə avióni]
Reiseführer (m)	guidë turistike (f)	[guídə turistíkɛ]
Landkarte (f)	hartë (f)	[hártə]
Gegend (f)	zonë (f)	[zónə]
Ort (wunderbarer ~)	vend (m)	[vɛnd]
Exotika (pl)	ekzotikë (f)	[ɛkzotíkə]
exotisch	ekzotik	[ɛkzotík]
erstaunlich (Adj)	mahnitëse	[mahnítəsɛ]
Gruppe (f)	grup (m)	[grup]
Ausflug (m)	ekskursion (m)	[ɛkskursión]
Reiseleiter (m)	udhërrëfyes (m)	[uðərəfýɛs]

100. Hotel

Hotel (n), Gasthaus (n)	hotel (m)	[hotél]
Motel (n)	motel (m)	[motél]
drei Sterne	me tre yje	[mɛ trɛ ýjɛ]

| fünf Sterne | me pesë yje | [mɛ pésə ýjɛ] |
| absteigen (vi) | qëndroj | [cəndrój] |

Hotelzimmer (n)	dhomë (f)	[ðómə]
Einzelzimmer (n)	dhomë teke (f)	[ðómə tékɛ]
Zweibettzimmer (n)	dhomë dyshe (f)	[ðómə dýʃɛ]
reservieren (vt)	rezervoj një dhomë	[rɛzɛrvój ɲə ðómə]

| Halbpension (f) | gjysmë-pension (m) | [ɟýsmə-pɛnsión] |
| Vollpension (f) | pension i plotë (m) | [pɛnsión i plótə] |

mit Bad	me banjo	[mɛ báɲo]
mit Dusche	me dush	[mɛ dúʃ]
Satellitenfernsehen (n)	televizor satelitor (m)	[tɛlɛvizór satɛlitór]
Klimaanlage (f)	kondicioner (m)	[konditsionér]
Handtuch (n)	peshqir (m)	[pɛʃcír]
Schlüssel (m)	çelës (m)	[tʃéləs]

Verwalter (m)	administrator (m)	[administratór]
Zimmermädchen (n)	pastruese (f)	[pastrúɛsɛ]
Träger (m)	portier (m)	[portiér]
Portier (m)	portier (m)	[portiér]

Restaurant (n)	restorant (m)	[rɛstoránt]
Bar (f)	pab (m), pijetore (f)	[pab], [pijɛtórɛ]
Frühstück (n)	mëngjes (m)	[mənɟés]
Abendessen (n)	darkë (f)	[dárkə]
Buffet (n)	bufe (f)	[bufé]

| Foyer (n) | holl (m) | [hoɫ] |
| Aufzug (m), Fahrstuhl (m) | ashensor (m) | [aʃɛnsór] |

| BITTE NICHT STÖREN! | MOS SHQETËSONI | [mos ʃcɛtəsóni] |
| RAUCHEN VERBOTEN! | NDALOHET DUHANI | [ndalóhɛt duháni] |

TECHNISCHES ZUBEHÖR. TRANSPORT

Technisches Zubehör

101. Computer

Computer (m)	kompjuter (m)	[kompjutér]
Laptop (m), Notebook (n)	laptop (m)	[laptóp]
einschalten (vt)	ndez	[ndɛz]
abstellen (vt)	fik	[fik]
Tastatur (f)	tastiera (f)	[tastiéra]
Taste (f)	çelës (m)	[tʃéləs]
Maus (f)	maus (m)	[máus]
Mousepad (n)	shtroje e mausit (f)	[ʃtrójɛ ɛ máusit]
Knopf (m)	buton (m)	[butón]
Cursor (m)	kursor (m)	[kursór]
Monitor (m)	monitor (m)	[monitór]
Schirm (m)	ekran (m)	[ɛkrán]
Festplatte (f)	hard disk (m)	[hárd dísk]
Festplattengröße (f)	kapaciteti i hard diskut (m)	[kapatsitéti i hárd dískut]
Speicher (m)	memorie (f)	[mɛmóriɛ]
Arbeitsspeicher (m)	memorie operative (f)	[mɛmóriɛ opɛratívɛ]
Datei (f)	skedë (f)	[skédə]
Ordner (m)	dosje (f)	[dósjɛ]
öffnen (vt)	hap	[hap]
schließen (vt)	mbyll	[mbyɫ]
speichern (vt)	ruaj	[rúaj]
löschen (vt)	fshij	[fʃij]
kopieren (vt)	kopjoj	[kopjój]
sortieren (vt)	sistemoj	[sistɛmój]
transferieren (vt)	transferoj	[transfɛrój]
Programm (n)	program (m)	[prográm]
Software (f)	softuer (f)	[softuér]
Programmierer (m)	programues (m)	[programúɛs]
programmieren (vt)	programoj	[programój]
Hacker (m)	haker (m)	[hakér]
Kennwort (n)	fjalëkalim (m)	[fjaləkalím]
Virus (m, n)	virus (m)	[virús]
entdecken (vt)	zbuloj	[zbulój]
Byte (n)	bajt (m)	[bájt]

Megabyte (n)	megabajt (m)	[mɛgabájt]
Daten (pl)	të dhënat (pl)	[tə ðə́nat]
Datenbank (f)	databazë (f)	[databázə]

Kabel (n)	kabllo (f)	[kábɫo]
trennen (vt)	shkëpus	[ʃkəpús]
anschließen (vt)	lidh	[lið]

102. Internet. E-Mail

Internet (n)	internet (m)	[intɛrnét]
Browser (m)	shfletues (m)	[ʃflɛtúɛs]
Suchmaschine (f)	makineri kërkimi (f)	[makinɛrí kərkími]
Provider (m)	ofrues (m)	[ofrúɛs]

Webmaster (m)	uebmaster (m)	[uɛbmástɛr]
Website (f)	ueb-faqe (f)	[uéb-fácɛ]
Webseite (f)	ueb-faqe (f)	[uéb-fácɛ]

| Adresse (f) | adresë (f) | [adrésə] |
| Adressbuch (n) | libërth adresash (m) | [líbərθ adrésaʃ] |

Mailbox (f)	kuti postare (f)	[kutí postárɛ]
Post (f)	postë (f)	[póstə]
überfüllt (-er Briefkasten)	i mbushur	[i mbúʃur]

Mitteilung (f)	mesazh (m)	[mɛsáʒ]
eingehenden Nachrichten	mesazhe të ardhura (pl)	[mɛsáʒɛ tə árðura]
ausgehenden Nachrichten	mesazhe të dërguara (pl)	[mɛsáʒɛ tə dərgúara]

Absender (m)	dërguesi (m)	[dərgúɛsi]
senden (vt)	dërgoj	[dərgój]
Absendung (f)	dërgesë (f)	[dərgésə]

| Empfänger (m) | pranues (m) | [pranúɛs] |
| empfangen (vt) | pranoj | [pranój] |

| Briefwechsel (m) | korrespondencë (f) | [korɛspondéntsə] |
| im Briefwechsel stehen | komunikim | [komunikím] |

Datei (f)	skedë (f)	[skédə]
herunterladen (vt)	shkarkoj	[ʃkarkój]
schaffen (vt)	krijoj	[krijój]
löschen (vt)	fshij	[fʃíj]
gelöscht (Datei)	e fshirë	[ɛ fʃírə]

Verbindung (f)	lidhje (f)	[líðjɛ]
Geschwindigkeit (f)	shpejtësi (f)	[ʃpɛjtəsí]
Modem (n)	modem (m)	[modém]
Zugang (m)	hyrje (f)	[hýrjɛ]
Port (m)	port (m)	[port]

| Anschluss (m) | lidhje (f) | [líðjɛ] |
| sich anschließen | lidhem me ... | [líðɛm mɛ ...] |

| auswählen (vt) | përzgjedh | [pərzɟéð] |
| suchen (vt) | kërkoj ... | [kərkój ...] |

103. Elektrizität

Elektrizität (f)	elektricitet (m)	[ɛlɛktritsitét]
elektrisch	elektrik	[ɛlɛktrík]
Elektrizitätswerk (n)	hidrocentral (m)	[hidrotsɛntrál]
Energie (f)	energji (f)	[ɛnɛrɟí]
Strom (m)	energji elektrike (f)	[ɛnɛrɟí ɛlɛktríkɛ]

Glühbirne (f)	poç (m)	[potʃ]
Taschenlampe (f)	llambë dore (f)	[ɫámbə dórɛ]
Straßenlaterne (f)	llambë rruge (f)	[ɫámbə rúgɛ]

Licht (n)	dritë (f)	[drítə]
einschalten (vt)	ndez	[ndɛz]
ausschalten (vt)	fik	[fik]
das Licht ausschalten	fik dritën	[fík drítən]

durchbrennen (vi)	digjet	[díɟɛt]
Kurzschluss (m)	qark i shkurtër (m)	[cark i ʃkúrtər]
Riß (m)	tel i prishur (m)	[tɛl i príʃur]
Kontakt (m)	kontakt (m)	[kontákt]

Schalter (m)	çelës drite (m)	[tʃéləs drítɛ]
Steckdose (f)	prizë (f)	[prízə]
Stecker (m)	spinë (f)	[spínə]
Verlängerung (f)	zgjatues (m)	[zɟatúɛs]

Sicherung (f)	siguresë (f)	[sigurésə]
Leitungsdraht (m)	kabllo (f)	[kábɫo]
Verdrahtung (f)	rrjet elektrik (m)	[rjét ɛlɛktrík]

Ampere (n)	amper (m)	[ampér]
Stromstärke (f)	amperazh (f)	[ampɛráʒ]
Volt (n)	volt (m)	[volt]
Voltspannung (f)	voltazh (m)	[voltáʒ]

| Elektrogerät (n) | aparat elektrik (m) | [aparát ɛlɛktrík] |
| Indikator (m) | indikator (m) | [indikatór] |

Elektriker (m)	electricist (m)	[ɛlɛktritsíst]
löten (vt)	saldoj	[saldój]
Lötkolben (m)	pajisje saldimi (f)	[pajísjɛ saldími]
Strom (m)	korrent elektrik (m)	[korént ɛlɛktrík]

104. Werkzeug

Werkzeug (n)	vegël (f)	[végəl]
Werkzeuge (pl)	vegla (pl)	[végla]
Ausrüstung (f)	pajisje (f)	[pajísjɛ]

Hammer (m)	çekiç (m)	[tʃɛkítʃ]
Schraubenzieher (m)	kaçavidë (f)	[katʃavídə]
Axt (f)	sëpatë (f)	[səpátə]
Säge (f)	sharrë (f)	[ʃárə]
sägen (vt)	sharroj	[ʃarój]
Hobel (m)	zdrukthues (m)	[zdrukθúɛs]
hobeln (vt)	zdrukthoj	[zdrukθój]
Lötkolben (m)	pajisje saldimi (f)	[pajísjɛ saldími]
löten (vt)	saldoj	[saldój]
Feile (f)	limë (f)	[límə]
Kneifzange (f)	darë (f)	[dárə]
Flachzange (f)	pinca (f)	[píntsa]
Stemmeisen (n)	daltë (f)	[dáltə]
Bohrer (m)	turjelë (f)	[turjélə]
Bohrmaschine (f)	shpuese elektrike (f)	[ʃpúɛsɛ ɛlɛktríkɛ]
bohren (vt)	shpoj	[ʃpoj]
Messer (n)	thikë (f)	[θíkə]
Taschenmesser (n)	thikë xhepi (f)	[θíkə dʒépi]
Klinge (f)	teh (m)	[tɛh]
scharf (-e Messer usw.)	i mprehtë	[i mpréhtə]
stumpf	i topitur	[i topítur]
stumpf werden (vi)	bëhet e topítur	[béhɛt ɛ topítur]
schärfen (vt)	mpreh	[mpréh]
Bolzen (m)	vidë (f)	[vídə]
Mutter (f)	dado (f)	[dádo]
Gewinde (n)	filetë e vidhës (f)	[filétə ɛ víðəs]
Holzschraube (f)	vidhë druri (f)	[víðə drúri]
Nagel (m)	gozhdë (f)	[góʒdə]
Nagelkopf (m)	kokë gozhde (f)	[kókə góʒdɛ]
Lineal (n)	vizore (f)	[vizórɛ]
Metermaß (n)	metër (m)	[métər]
Wasserwaage (f)	nivelizues (m)	[nivɛlizúɛs]
Lupe (f)	lente zmadhuese (f)	[léntɛ zmaðúɛsɛ]
Messinstrument (n)	mjet matës (m)	[mjét mátəs]
messen (vt)	mas	[mas]
Skala (f)	gradë (f)	[grádə]
Ablesung (f)	matjet (pl)	[mátjɛt]
Kompressor (m)	kompresor (m)	[komprɛsór]
Mikroskop (n)	mikroskop (m)	[mikroskóp]
Pumpe (f)	pompë (f)	[pómpə]
Roboter (m)	robot (m)	[robót]
Laser (m)	laser (m)	[lasér]
Schraubenschlüssel (m)	çelës (m)	[tʃéləs]
Klebeband (n)	shirit ngjitës (m)	[ʃirít ɲítəs]

Klebstoff (m)	ngjitës (m)	[nɥítəs]
Sandpapier (n)	letër smeril (f)	[létər smɛríl]
Sprungfeder (f)	sustë (f)	[sústə]
Magnet (m)	magnet (m)	[magnét]
Handschuhe (pl)	dorëza (pl)	[dórəza]

Leine (f)	litar (m)	[litár]
Schnur (f)	kordon (m)	[kordón]
Draht (m)	tel (m)	[tɛl]
Kabel (n)	kabllo (f)	[kábło]

schwerer Hammer (m)	çekan i rëndë (m)	[tʃɛkán i rəndə]
Brecheisen (n)	levë (f)	[lévə]
Leiter (f)	shkallë (f)	[ʃkáłə]
Trittleiter (f)	shkallëz (f)	[ʃkáłəz]

zudrehen (vt)	vidhos	[viðós]
abdrehen (vt)	zhvidhos	[ʒviðós]
zusammendrücken (vt)	shtrëngoj	[ʃtrəŋój]
ankleben (vt)	ngjes	[nɥés]
schneiden (vt)	pres	[prɛs]

Störung (f)	avari (f)	[avarí]
Reparatur (f)	riparim (m)	[riparím]
reparieren (vt)	riparoj	[riparój]
einstellen (vt)	rregulloj	[rɛgułój]

prüfen (vt)	kontrolloj	[kontrołój]
Prüfung (f)	kontroll (m)	[kontrół]
Ablesung (f)	matjet (pl)	[mátjɛt]

sicher (zuverlässigen)	e sigurt	[ɛ sígurt]
kompliziert (Adj)	komplekse	[kompléksɛ]

verrosten (vi)	ndryshket	[ndrýʃkɛt]
rostig	e ndryshkur	[ɛ ndrýʃkur]
Rost (m)	ndryshk (m)	[ndrýʃk]

Transport

105. Flugzeug

Flugzeug (n)	avion (m)	[avión]
Flugticket (n)	biletë avioni (f)	[biléta avióni]
Fluggesellschaft (f)	kompani ajrore (f)	[kompaní ajrórɛ]
Flughafen (m)	aeroport (m)	[aɛropórt]
Überschall-	supersonik	[supɛrsoník]
Flugkapitän (m)	kapiten (m)	[kapitén]
Besatzung (f)	ekip (m)	[ɛkíp]
Pilot (m)	pilot (m)	[pilót]
Flugbegleiterin (f)	stjuardesë (f)	[stjuardésə]
Steuermann (m)	navigues (m)	[navigúɛs]
Flügel (pl)	krahë (pl)	[kráhə]
Schwanz (m)	bisht (m)	[biʃt]
Kabine (f)	kabinë (f)	[kabínə]
Motor (m)	motor (m)	[motór]
Fahrgestell (n)	karrel (m)	[karél]
Turbine (f)	turbinë (f)	[turbínə]
Propeller (m)	helikë (f)	[hɛlíkə]
Flugschreiber (m)	kuti e zezë (f)	[kutí ɛ zézə]
Steuerrad (n)	timon (m)	[timón]
Treibstoff (m)	karburant (m)	[karburánt]
Sicherheitskarte (f)	udhëzime sigurie (pl)	[uðəzímɛ siguríɛ]
Sauerstoffmaske (f)	maskë oksigjeni (f)	[máskə oksiɟéni]
Uniform (f)	uniformë (f)	[unifórmə]
Rettungsweste (f)	jelek shpëtimi (m)	[jɛlék ʃpətími]
Fallschirm (m)	parashutë (f)	[paraʃútə]
Abflug, Start (m)	ngritje (f)	[ŋrítjɛ]
starten (vi)	fluturon	[fluturón]
Startbahn (f)	pista e fluturimit (f)	[písta ɛ fluturímit]
Sicht (f)	shikueshmëri (f)	[ʃikuɛʃmərí]
Flug (m)	fluturim (m)	[fluturím]
Höhe (f)	lartësi (f)	[lartəsí]
Luftloch (n)	xhep ajri (m)	[dʒɛp ájri]
Platz (m)	karrige (f)	[karígɛ]
Kopfhörer (m)	kufje (f)	[kúfjɛ]
Klapptisch (m)	tabaka (f)	[tabaká]
Bullauge (n)	dritare avioni (f)	[dritárɛ avióni]
Durchgang (m)	korridor (m)	[koridór]

106. Zug

Zug (m)	tren (m)	[trɛn]
elektrischer Zug (m)	tren elektrik (m)	[trɛn ɛlɛktrík]
Schnellzug (m)	tren ekspres (m)	[trɛn ɛksprés]
Diesellok (f)	lokomotivë me naftë (f)	[lokomótivə mɛ náftə]
Dampflok (f)	lokomotivë me avull (f)	[lokomótivə mɛ ávuɫ]
Personenwagen (m)	vagon (m)	[vagón]
Speisewagen (m)	vagon restorant (m)	[vagón rɛstoránt]
Schienen (pl)	shina (pl)	[ʃína]
Eisenbahn (f)	hekurudhë (f)	[hɛkurúðə]
Bahnschwelle (f)	traversë (f)	[travérsə]
Bahnsteig (m)	platformë (f)	[platfórmə]
Gleis (n)	binar (m)	[binár]
Eisenbahnsignal (n)	semafor (m)	[sɛmafór]
Station (f)	stacion (m)	[statsión]
Lokomotivführer (m)	makinist (m)	[makiníst]
Träger (m)	portier (m)	[portiér]
Schaffner (m)	konduktor (m)	[konduktór]
Fahrgast (m)	pasagjer (m)	[pasaɟér]
Fahrkartenkontrolleur (m)	konduktor (m)	[konduktór]
Flur (m)	korridor (m)	[koridór]
Notbremse (f)	frena urgjence (f)	[fréna urɟéntsɛ]
Abteil (n)	ndarje (f)	[ndárjɛ]
Liegeplatz (m), Schlafkoje (f)	kat (m)	[kat]
oberer Liegeplatz (m)	kati i sipërm (m)	[káti i sípərm]
unterer Liegeplatz (m)	kati i poshtëm (m)	[káti i póʃtəm]
Bettwäsche (f)	shtroje shtrati (pl)	[ʃtrójɛ ʃtráti]
Fahrkarte (f)	biletë (f)	[bilétə]
Fahrplan (m)	orar (m)	[orár]
Anzeigetafel (f)	tabelë e informatave (f)	[tabélə ɛ informátavɛ]
abfahren (der Zug)	niset	[nísɛt]
Abfahrt (f)	nisje (f)	[nísjɛ]
ankommen (der Zug)	arrij	[aríj]
Ankunft (f)	arritje (f)	[arítjɛ]
mit dem Zug kommen	arrij me tren	[aríj mɛ trɛn]
in den Zug einsteigen	hip në tren	[hip nə trén]
aus dem Zug aussteigen	zbres nga treni	[zbrɛs ŋa tréni]
Zugunglück (n)	aksident hekurudhor (m)	[aksidént hɛkuruðór]
entgleisen (vi)	del nga shinat	[dɛl ŋa ʃínat]
Dampflok (f)	lokomotivë me avull (f)	[lokomótivə mɛ ávuɫ]
Heizer (m)	mbikëqyrës i zjarrit (m)	[mbikəcýrəs i zjárit]
Feuerbüchse (f)	furrë (f)	[fúrə]
Kohle (f)	qymyr (m)	[cymýr]

107. Schiff

Schiff (n)	anije (f)	[aníjɛ]
Fahrzeug (n)	mjet lundrues (m)	[mjét lundrúɛs]
Dampfer (m)	anije me avull (f)	[aníjɛ mɛ ávuɫ]
Motorschiff (n)	anije lumi (f)	[aníjɛ lúmi]
Kreuzfahrtschiff (n)	krocierë (f)	[krotsiérə]
Kreuzer (m)	anije luftarake (f)	[aníjɛ luftarákɛ]
Jacht (f)	jaht (m)	[jáht]
Schlepper (m)	anije rimorkiuese (f)	[aníjɛ rimorkiúɛsɛ]
Lastkahn (m)	anije transportuese (f)	[aníjɛ transportúɛsɛ]
Fähre (f)	traget (m)	[tragét]
Segelschiff (n)	anije me vela (f)	[aníjɛ mɛ véla]
Brigantine (f)	brigantinë (f)	[brigantínə]
Eisbrecher (m)	akullthyese (f)	[akuɫθýɛsɛ]
U-Boot (n)	nëndetëse (f)	[nəndétəsɛ]
Boot (n)	barkë (f)	[bárkə]
Dingi (n), Beiboot (n)	gomone (f)	[gomónɛ]
Rettungsboot (n)	varkë shpëtimi (f)	[várkə ʃpətími]
Motorboot (n)	skaf (m)	[skaf]
Kapitän (m)	kapiten (m)	[kapitén]
Matrose (m)	marinar (m)	[marinár]
Seemann (m)	marinar (m)	[marinár]
Besatzung (f)	ekip (m)	[ɛkíp]
Bootsmann (m)	kryemarinar (m)	[kryɛmarinár]
Schiffsjunge (m)	djali i anijes (m)	[djáli i aníjɛs]
Schiffskoch (m)	kuzhinier (m)	[kuʒiniér]
Schiffsarzt (m)	doktori i anijes (m)	[doktóri i aníjɛs]
Deck (n)	kuverta (f)	[kuvérta]
Mast (m)	direk (m)	[dirék]
Segel (n)	vela (f)	[véla]
Schiffsraum (m)	bagazh (m)	[bagáʒ]
Bug (m)	harku sipëror (m)	[hárku sipərór]
Heck (n)	pjesa e pasme (f)	[pjésa ɛ pásmɛ]
Ruder (n)	rrem (m)	[rɛm]
Schraube (f)	helikë (f)	[hɛlíkə]
Kajüte (f)	kabinë (f)	[kabínə]
Messe (f)	zyrë e oficerëve (f)	[zýrə ɛ ofitsérəvɛ]
Maschinenraum (m)	salla e motorit (m)	[sáɫa ɛ motórit]
Kommandobrücke (f)	urë komanduese (f)	[úrə komandúɛsɛ]
Funkraum (m)	kabina radiotelegrafike (f)	[kabína radiotɛlɛgrafíkɛ]
Radiowelle (f)	valë (f)	[válə]
Schiffstagebuch (n)	libri i shënimeve (m)	[líbri i ʃənímɛvɛ]
Fernrohr (n)	dylbi (f)	[dylbí]
Glocke (f)	këmbanë (f)	[kəmbánə]

Fahne (f)	flamur (m)	[flamúr]
Seil (n)	pallamar (m)	[patamár]
Knoten (m)	nyjë (f)	[nýjə]

| Geländer (n) | parmakë (pl) | [parmákə] |
| Treppe (f) | shkallë (f) | [ʃkátə] |

Anker (m)	spirancë (f)	[spirántsə]
den Anker lichten	ngre spirancën	[ŋré spirántsən]
Anker werfen	hedh spirancën	[hɛð spirántsən]
Ankerkette (f)	zinxhir i spirancës (m)	[zindʒír i spirántsəs]

Hafen (m)	port (m)	[port]
Anlegestelle (f)	skelë (f)	[skélə]
anlegen (vi)	ankoroj	[ankorój]
abstoßen (vt)	niset	[nísɛt]

Reise (f)	udhëtim (m)	[uðətím]
Kreuzfahrt (f)	udhëtim me krocierë (f)	[uðətím mɛ krotsiérə]
Kurs (m), Richtung (f)	kursi i udhëtimit (m)	[kúrsi i uðətímit]
Reiseroute (f)	itinerar (m)	[itinɛrár]

Fahrwasser (n)	ujëra të lundrueshme (f)	[újəra tə lundrúɛʃmɛ]
Untiefe (f)	cekëtinë (f)	[tsɛkətínə]
stranden (vi)	bllokohet në rërë	[błokóhɛt nə rərə]

Sturm (m)	stuhi (f)	[stuhí]
Signal (n)	sinjal (m)	[siɲál]
untergehen (vi)	fundoset	[fundósɛt]
Mann über Bord!	Njeri në det!	[ɲɛrí nə dɛt!]
SOS	SOS (m)	[sos]
Rettungsring (m)	bovë shpëtuese (f)	[bóvə ʃpətúɛsɛ]

108. Flughafen

Flughafen (m)	aeroport (m)	[aɛropórt]
Flugzeug (n)	avion (m)	[avión]
Fluggesellschaft (f)	kompani ajrore (f)	[kompaní ajrórɛ]
Fluglotse (m)	kontroll i trafikut ajror (m)	[kontróɫ i trafíkut ajrór]

Abflug (m)	nisje (f)	[nísjɛ]
Ankunft (f)	arritje (f)	[arítjɛ]
anfliegen (vi)	arrij me avion	[aríj mɛ avión]

| Abflugzeit (f) | nisja (f) | [nísja] |
| Ankunftszeit (f) | arritja (f) | [arítja] |

| sich verspäten | vonesë | [vonésə] |
| Abflugverspätung (f) | vonesë avioni (f) | [vonésə avióni] |

Anzeigetafel (f)	ekrani i informacioneve (m)	[ɛkráni i informatsiónɛvɛ]
Information (f)	informacion (m)	[informatsión]
ankündigen (vt)	njoftoj	[ɲoftój]
Flug (m)	fluturim (m)	[fluturím]

Zollamt (n)	doganë (f)	[dogánə]
Zollbeamter (m)	doganier (m)	[doganiér]
Zolldeklaration (f)	deklarim doganor (m)	[dɛklarím doganór]
ausfüllen (vt)	plotësoj	[plotəsój]
die Zollerklärung ausfüllen	plotësoj deklaratën	[plotəsój dɛklarátən]
Passkontrolle (f)	kontroll pasaportash (m)	[kontróɫ pasapórtaʃ]
Gepäck (n)	bagazh (m)	[bagáʒ]
Handgepäck (n)	bagazh dore (m)	[bagáʒ dórɛ]
Kofferkuli (m)	karrocë bagazhesh (f)	[karótsə bagáʒɛʃ]
Landung (f)	aterrim (m)	[atɛrím]
Landebahn (f)	pistë aterrimi (f)	[pístə atɛrími]
landen (vi)	aterroj	[atɛrój]
Fluggasttreppe (f)	shkallë avioni (f)	[ʃkáɫə avióni]
Check-in (n)	regjistrim (m)	[rɛɟistrím]
Check-in-Schalter (m)	sportel regjistrimi (m)	[sportél rɛɟistrími]
sich registrieren lassen	regjistrohem	[rɛɟistróhɛm]
Bordkarte (f)	biletë e hyrjes (f)	[bilétə ɛ hýrjɛs]
Abfluggate (n)	porta e nisjes (f)	[pórta ɛ nísjɛs]
Transit (m)	transit (m)	[transít]
warten (vi)	pres	[prɛs]
Wartesaal (m)	salla e nisjes (f)	[sáɫa ɛ nísjɛs]
begleiten (vt)	përcjell	[pərtsjéɫ]
sich verabschieden	përshëndetem	[pərʃəndétɛm]

Lebensereignisse

109. Feiertage. Ereignis

Fest (n)	festë (f)	[féstə]
Nationalfeiertag (m)	festë kombëtare (f)	[féstə kombətárɛ]
Feiertag (m)	festë publike (f)	[féstə publíkɛ]
feiern (vt)	festoj	[fɛstój]
Ereignis (n)	ceremoni (f)	[tsɛrɛmoní]
Veranstaltung (f)	eveniment (m)	[ɛvɛnimént]
Bankett (n)	banket (m)	[bankét]
Empfang (m)	pritje (f)	[prítjɛ]
Festmahl (n)	aheng (m)	[ahéŋ]
Jahrestag (m)	përvjetor (m)	[pərvjɛtór]
Jubiläumsfeier (f)	jubile (m)	[jubilé]
begehen (vt)	festoj	[fɛstój]
Neujahr (n)	Viti i Ri (m)	[víti i rí]
Frohes Neues Jahr!	Gëzuar Vitin e Ri!	[gəzúar vítin ɛ rí!]
Weihnachtsmann (m)	Santa Klaus (m)	[sánta kláus]
Weihnachten (n)	Krishtlindje (f)	[kriʃtlíndjɛ]
Frohe Weihnachten!	Gëzuar Krishtlindjen!	[gəzúar kriʃtlíndjɛn!]
Tannenbaum (m)	péma e Krishtlindjes (f)	[péma ɛ kriʃtlíndjɛs]
Feuerwerk (n)	fishekzjarrë (m)	[fiʃɛkzjárə]
Hochzeit (f)	dasmë (f)	[dásmə]
Bräutigam (m)	dhëndër (m)	[ðə́ndər]
Braut (f)	nuse (f)	[núsɛ]
einladen (vt)	ftoj	[ftoj]
Einladung (f)	ftesë (f)	[ftésə]
Gast (m)	mysafir (m)	[mysafír]
besuchen (vt)	vizitoj	[vizitój]
Gäste empfangen	takoj të ftuarit	[takój tə ftúarit]
Geschenk (n)	dhuratë (f)	[ðurátə]
schenken (vt)	dhuroj	[ðurój]
Geschenke bekommen	marr dhurata	[mar ðuráta]
Blumenstrauß (m)	buqetë (f)	[bucétə]
Glückwunsch (m)	urime (f)	[urímɛ]
gratulieren (vi)	përgëzoj	[pərgəzój]
Glückwunschkarte (f)	kartolinë (f)	[kartolínə]
eine Karte abschicken	dërgoj kartolinë	[dərgój kartolínə]
eine Karte erhalten	marr kartolinë	[mar kartolínə]

Trinkspruch (m)	dolli (f)	[doɫí]
anbieten (vt)	qeras	[cɛrás]
Champagner (m)	shampanjë (f)	[ʃampáɲə]

sich amüsieren	kënaqem	[kənácɛm]
Fröhlichkeit (f)	gëzim (m)	[gəzím]
Freude (f)	gëzim (m)	[gəzím]

| Tanz (m) | vallëzim (m) | [vaɫəzím] |
| tanzen (vi, vt) | vallëzoj | [vaɫəzój] |

| Walzer (m) | vals (m) | [vals] |
| Tango (m) | tango (f) | [táŋo] |

110. Bestattungen. Begräbnis

Friedhof (m)	varreza (f)	[varéza]
Grab (n)	varr (m)	[var]
Kreuz (n)	kryq (m)	[kryc]
Grabstein (m)	gur varri (m)	[gur vári]
Zaun (m)	gardh (m)	[garð]
Kapelle (f)	kishëz (m)	[kíʃəz]

Tod (m)	vdekje (f)	[vdékjɛ]
sterben (vi)	vdes	[vdɛs]
Verstorbene (m)	i vdekuri (m)	[i vdékuri]
Trauer (f)	zi (f)	[zi]

begraben (vt)	varros	[varós]
Bestattungsinstitut (n)	agjenci funeralesh (f)	[aɟɛntsí funɛrálɛʃ]
Begräbnis (n)	funeral (m)	[funɛrál]

Kranz (m)	kurorë (f)	[kurórə]
Sarg (m)	arkivol (m)	[arkivól]
Katafalk (m)	makinë funebre (f)	[makínə funébrɛ]
Totenhemd (n)	qefin (m)	[cɛfín]

Trauerzug (m)	kortezh (m)	[kortéʒ]
Urne (f)	urnë (f)	[úrnə]
Krematorium (n)	kremator (m)	[krɛmatór]

Nachruf (m)	përkujtim (m)	[pərkujtím]
weinen (vi)	qaj	[caj]
schluchzen (vi)	qaj me dënesë	[caj mɛ dənésə]

111. Krieg. Soldaten

Zug (m)	togë (f)	[tógə]
Kompanie (f)	kompani (f)	[kompaní]
Regiment (n)	regjiment (m)	[rɛɟimént]
Armee (f)	ushtri (f)	[uʃtrí]
Division (f)	divizion (m)	[divizión]

| Abteilung (f) | skuadër (f) | [skuádər] |
| Heer (n) | armatë (f) | [armátə] |

| Soldat (m) | ushtar (m) | [uʃtár] |
| Offizier (m) | oficer (m) | [ofitsér] |

Soldat (m)	ushtar (m)	[uʃtár]
Feldwebel (m)	rreshter (m)	[rɛʃtér]
Leutnant (m)	toger (m)	[togér]
Hauptmann (m)	kapiten (m)	[kapitén]
Major (m)	major (m)	[majór]
Oberst (m)	kolonel (m)	[kolonél]
General (m)	gjeneral (m)	[ɟɛnɛrál]

Matrose (m)	marinar (m)	[marinár]
Kapitän (m)	kapiten (m)	[kapitén]
Bootsmann (m)	kryemarinar (m)	[kryɛmarinár]
Artillerist (m)	artiljer (m)	[artiljér]
Fallschirmjäger (m)	parashutist (m)	[paraʃutíst]
Pilot (m)	pilot (m)	[pilót]
Steuermann (m)	navigues (m)	[navigúɛs]
Mechaniker (m)	mekanik (m)	[mɛkaník]

Pionier (m)	xhenier (m)	[dʒɛniér]
Fallschirmspringer (m)	parashutist (m)	[paraʃutíst]
Aufklärer (m)	agjent zbulimi (m)	[aɟént zbulími]
Scharfschütze (m)	snajper (m)	[snajpér]

Patrouille (f)	patrullë (f)	[patrúɫə]
patrouillieren (vi)	patrulloj	[patruɫój]
Wache (f)	rojë (f)	[rójə]
Krieger (m)	luftëtar (m)	[luftətár]
Patriot (m)	patriot (m)	[patriót]
Held (m)	hero (m)	[hɛró]
Heldin (f)	heroinë (f)	[hɛroínə]

| Verräter (m) | tradhtar (m) | [traðtár] |
| verraten (vt) | tradhtoj | [traðtój] |

| Deserteur (m) | dezertues (m) | [dɛzɛrtúɛs] |
| desertieren (vi) | dezertoj | [dɛzɛrtój] |

Söldner (m)	mercenar (m)	[mɛrtsɛnár]
Rekrut (m)	rekrut (m)	[rɛkrút]
Freiwillige (m)	vullnetar (m)	[vuɫnɛtár]

Getoetete (m)	vdekur (m)	[vdékur]
Verwundete (m)	i plagosur (m)	[i plagósur]
Kriegsgefangene (m)	rob lufte (m)	[rob lúftɛ]

112. Krieg. Militärische Aktionen. Teil 1

| Krieg (m) | luftë (f) | [lúftə] |
| Krieg führen | në luftë | [nə lúftə] |

Bürgerkrieg (m)	luftë civile (f)	[lúftə tsivílɛ]
heimtückisch (Adv)	pabesisht	[pabɛsíʃt]
Kriegserklärung (f)	shpallje lufte (f)	[ʃpáɫjɛ lúftɛ]
erklären (den Krieg ~)	shpall	[ʃpaɫ]
Aggression (f)	agresion (m)	[agrɛsión]
einfallen (Staat usw.)	sulmoj	[sulmój]

einfallen (in ein Land ~)	pushtoj	[puʃtój]
Invasoren (pl)	pushtues (m)	[puʃtúɛs]
Eroberer (m), Sieger (m)	pushtues (m)	[puʃtúɛs]

Verteidigung (f)	mbrojtje (f)	[mbrójtjɛ]
verteidigen (vt)	mbroj	[mbrój]
sich verteidigen	mbrohem	[mbróhɛm]

Feind (m)	armik (m)	[armík]
Gegner (m)	kundërshtar (m)	[kundərʃtár]
Feind-	armike	[armíkɛ]

| Strategie (f) | strategji (f) | [stratɛɟí] |
| Taktik (f) | taktikë (f) | [taktíkə] |

Befehl (m)	urdhër (m)	[úrðər]
Anordnung (f)	komandë (f)	[komándə]
befehlen (vt)	urdhëroj	[urðərój]
Auftrag (m)	mision (m)	[misión]
geheim (Adj)	sekret	[sɛkrét]

| Schlacht (f), Kampf (m) | betejë (f) | [bɛtéjə] |
| Kampf (m) | luftim (m) | [luftím] |

Angriff (m)	sulm (m)	[sulm]
Sturm (m)	sulm (m)	[sulm]
stürmen (vt)	sulmoj	[sulmój]
Belagerung (f)	nën rrethim (m)	[nən rɛθím]

| Angriff (m) | sulm (m) | [sulm] |
| angreifen (vt) | kaloj në sulm | [kalój nə súlm] |

| Rückzug (m) | tërheqje (f) | [tərhécjɛ] |
| sich zurückziehen | tërhiqem | [tərhícɛm] |

| Einkesselung (f) | rrethim (m) | [rɛθím] |
| einkesseln (vt) | rrethoj | [rɛθój] |

Bombenangriff (m)	bombardim (m)	[bombardím]
eine Bombe abwerfen	hedh bombë	[hɛð bómbə]
bombardieren (vt)	bombardoj	[bombardój]
Explosion (f)	shpërthim (m)	[ʃpərθím]

Schuss (m)	e shtënë (f)	[ɛ ʃténə]
schießen (vt)	qëlloj	[cəɫój]
Schießerei (f)	të shtëna (pl)	[tə ʃténa]

| zielen auf ... | vë në shënjestër | [və nə ʃəɲéstər] |
| richten (die Waffe) | drejtoj armën | [drɛjtój ármən] |

treffen (ins Schwarze ~)	qëlloj	[cəłój]
versenken (vt)	fundos	[fundós]
Loch (im Schiffsrumpf)	vrimë (f)	[vrímə]
versinken (Schiff)	fundoset	[fundósɛt]
Front (f)	front (m)	[front]
Evakuierung (f)	evakuim (m)	[ɛvakuím]
evakuieren (vt)	evakuoj	[ɛvakuój]
Schützengraben (m)	llogore (f)	[łogórɛ]
Stacheldraht (m)	tel me gjemba (m)	[tɛl mɛ ɟémba]
Sperre (z.B. Panzersperre)	pengesë (f)	[pɛŋésə]
Wachtturm (m)	kullë vrojtuese (f)	[kúłə vrojtúɛsɛ]
Lazarett (n)	spital ushtarak (m)	[spitál uʃtarák]
verwunden (vt)	plagos	[plagós]
Wunde (f)	plagë (f)	[plágə]
Verwundete (m)	i plagosur (m)	[i plagósur]
verletzt sein	jam i plagosur	[jam i plagósur]
schwer (-e Verletzung)	rëndë	[rə́ndə]

113. Krieg. Militärische Aktionen. Teil 2

Gefangenschaft (f)	burgosje (f)	[burgósjɛ]
gefangen nehmen (vt)	zë rob	[zə rob]
in Gefangenschaft sein	mbahem rob	[mbáhɛm rób]
in Gefangenschaft geraten	zihem rob	[zíhɛm rob]
Konzentrationslager (n)	kamp përqendrimi (m)	[kamp pərcɛndrími]
Kriegsgefangene (m)	rob lufte (m)	[rob lúftɛ]
fliehen (vi)	arratisem	[aratísɛm]
verraten (vt)	tradhtoj	[traðtój]
Verräter (m)	tradhtar (m)	[traðtár]
Verrat (m)	tradhti (f)	[traðtí]
erschießen (vt)	ekzekutoj	[ɛkzɛkutój]
Erschießung (f)	ekzekutim (m)	[ɛkzɛkutím]
Ausrüstung (persönliche ~)	armatim (m)	[armatím]
Schulterstück (n)	spaletë (f)	[spalétə]
Gasmaske (f)	maskë antigaz (f)	[máskə antigáz]
Funkgerät (n)	radiomarrëse (f)	[radiomárəsɛ]
Chiffre (f)	kod sekret (m)	[kód sɛkrét]
Geheimhaltung (f)	komplot (m)	[komplót]
Kennwort (n)	fjalëkalim (m)	[fjaləkalím]
Mine (f)	minë tokësore (f)	[mínə tokəsórɛ]
Minen legen	minoj	[minój]
Minenfeld (n)	fushë e minuar (f)	[fúʃə ɛ minúar]
Luftalarm (m)	alarm sulmi ajror (m)	[alárm súlmi ajrór]
Alarm (m)	alarm (m)	[alárm]

Signal (n)	sinjal (m)	[siɲál]
Signalrakete (f)	sinjalizues (m)	[siɲalizúɛs]
Hauptquartier (n)	selia qendrore (f)	[sɛlía cɛndrórɛ]
Aufklärung (f)	zbulim (m)	[zbulím]
Lage (f)	gjendje (f)	[ɟéndjɛ]
Bericht (m)	raport (m)	[rapórt]
Hinterhalt (m)	pritë (f)	[prítə]
Verstärkung (f)	përforcim (m)	[pərfortsím]
Zielscheibe (f)	shënjestër (f)	[ʃəɲéstər]
Schießplatz (m)	poligon (m)	[poligón]
Manöver (n)	manovra ushtarake (f)	[manóvra uʃtarákɛ]
Panik (f)	panik (m)	[paník]
Verwüstung (f)	shkatërrim (m)	[ʃkatərím]
Trümmer (pl)	gërmadha (pl)	[gərmáða]
zerstören (vt)	shkatërroj	[ʃkatərój]
überleben (vi)	mbijetoj	[mbijɛtój]
entwaffnen (vt)	çarmatos	[tʃarmatós]
handhaben (vt)	manovroj	[manovrój]
Stillgestanden!	Gatitu!	[gatitú!]
Rühren!	Qetësohu!	[cɛtəsóhu!]
Heldentat (f)	akt heroik (m)	[ákt hɛroík]
Eid (m), Schwur (m)	betim (m)	[bɛtím]
schwören (vi, vt)	betohem	[bɛtóhɛm]
Lohn (Orden, Medaille)	dekoratë (f)	[dɛkorátə]
auszeichnen (mit Orden)	dekoroj	[dɛkorój]
Medaille (f)	medalje (f)	[mɛdáljɛ]
Orden (m)	urdhër medalje (m)	[úrðər mɛdáljɛ]
Sieg (m)	fitore (f)	[fitórɛ]
Niederlage (f)	humbje (f)	[húmbjɛ]
Waffenstillstand (m)	armëpushim (m)	[armɛpuʃím]
Fahne (f)	flamur beteje (m)	[flamúr bɛtéjɛ]
Ruhm (m)	famë (f)	[fámə]
Parade (f)	paradë (f)	[parádə]
marschieren (vi)	marshoj	[marʃój]

114. Waffen

Waffe (f)	armë (f)	[ármə]
Schusswaffe (f)	armë zjarri (f)	[ármə zjári]
blanke Waffe (f)	armë të ftohta (pl)	[ármə tə ftóhta]
chemischen Waffen (pl)	armë kimike (f)	[ármə kimíkɛ]
Kern-, Atom-	nukleare	[nuklɛárɛ]
Kernwaffe (f)	armë nukleare (f)	[ármə nuklɛárɛ]
Bombe (f)	bombë (f)	[bómbə]

Atombombe (f)	bombë atomike (f)	[bómbə atomíkɛ]
Pistole (f)	pistoletë (f)	[pistolétə]
Gewehr (n)	pushkë (f)	[púʃkə]
Maschinenpistole (f)	mitraloz (m)	[mitralóz]
Maschinengewehr (n)	mitraloz (m)	[mitralóz]

Mündung (f)	grykë (f)	[grýkə]
Lauf (Gewehr-)	tytë pushke (f)	[týtə púʃkɛ]
Kaliber (n)	kalibër (m)	[kalíbər]

Abzug (m)	këmbëz (f)	[kémbəz]
Visier (n)	shënjestër (f)	[ʃəɲéstər]
Magazin (n)	karikator (m)	[karikatór]
Kolben (m)	qytë (f)	[cýtə]

| Handgranate (f) | bombë dore (f) | [bómbə dórɛ] |
| Sprengstoff (m) | eksploziv (m) | [ɛksplozív] |

Kugel (f)	plumb (m)	[plúmb]
Patrone (f)	fishek (m)	[fiʃék]
Ladung (f)	karikim (m)	[karikím]
Munition (f)	municion (m)	[munitsión]

Bomber (m)	avion bombardues (m)	[avión bombardúɛs]
Kampfflugzeug (n)	avion luftarak (m)	[avión luftarák]
Hubschrauber (m)	helikopter (m)	[hɛlikoptér]

Flugabwehrkanone (f)	armë anti-ajrore (f)	[ármə ánti-ajrórɛ]
Panzer (m)	tank (m)	[tank]
Panzerkanone (f)	top tanku (m)	[top tánku]

Artillerie (f)	artileri (f)	[artilɛrí]
Kanone (f)	top (m)	[top]
richten (die Waffe)	vë në shënjestër	[və nə ʃəɲéstər]

Geschoß (n)	mortajë (f)	[mortájə]
Wurfgranate (f)	bombë mortaje (f)	[bómbə mortájɛ]
Granatwerfer (m)	mortajë (f)	[mortájə]
Splitter (m)	copëz mortaje (f)	[tsópəz mortájɛ]

U-Boot (n)	nëndetëse (f)	[nəndétəsɛ]
Torpedo (m)	silurë (f)	[silúrə]
Rakete (f)	raketë (f)	[rakétə]

laden (Gewehr)	mbush	[mbúʃ]
schießen (vi)	qëlloj	[cəłój]
zielen auf ...	drejtoj	[drɛjtój]
Bajonett (n)	bajonetë (f)	[bajonétə]

Degen (m)	shpatë (f)	[ʃpátə]
Säbel (m)	shpatë (f)	[ʃpátə]
Speer (m)	shtizë (f)	[ʃtízə]
Bogen (m)	hark (m)	[hárk]
Pfeil (m)	shigjetë (f)	[ʃiɟétə]
Muskete (f)	musketë (f)	[muskétə]
Armbrust (f)	pushkë-shigjetë (f)	[púʃkə-ʃiɟétə]

115. Menschen der Antike

vorzeitlich	prehistorik	[prɛhistorík]
prähistorisch	prehistorike	[prɛhistoríkɛ]
alt (antik)	i lashtë	[i láʃtə]
Steinzeit (f)	Epoka e Gurit (f)	[ɛpóka ɛ gúrit]
Bronzezeit (f)	Epoka e Bronzit (f)	[ɛpóka ɛ brónzit]
Eiszeit (f)	Epoka e akullit (f)	[ɛpóka ɛ ákuɫit]
Stamm (m)	klan (m)	[klan]
Kannibale (m)	kanibal (m)	[kanibál]
Jäger (m)	gjahtar (m)	[ɟahtár]
jagen (vi)	dal për gjah	[dál pər ɟáh]
Mammut (n)	mamut (m)	[mamút]
Höhle (f)	shpellë (f)	[ʃpéɫə]
Feuer (n)	zjarr (m)	[zjar]
Lagerfeuer (n)	zjarr kampingu (m)	[zjar kampíŋu]
Höhlenmalerei (f)	vizatim në shpella (m)	[vizatím nə ʃpéɫa]
Werkzeug (n)	vegël (f)	[végəl]
Speer (m)	shtizë (f)	[ʃtízə]
Steinbeil (n), Steinaxt (f)	sëpatë guri (f)	[səpátə gúri]
Krieg führen	në luftë	[nə lúftə]
domestizieren (vt)	zbus	[zbus]
Idol (n)	idhull (m)	[íðuɫ]
anbeten (vt)	adhuroj	[aðurój]
Aberglaube (m)	besëtytni (f)	[bɛsətytní]
Brauch (m), Ritus (m)	rit (m)	[rit]
Evolution (f)	evolucion (m)	[ɛvolutsión]
Entwicklung (f)	zhvillim (m)	[ʒviɫím]
Verschwinden (n)	zhdukje (f)	[ʒdúkjɛ]
sich anpassen	përshtatem	[pərʃtátɛm]
Archäologie (f)	arkeologji (f)	[arkɛoloɟí]
Archäologe (m)	arkeolog (m)	[arkɛológ]
archäologisch	arkeologjike	[arkɛoloɟíkɛ]
Ausgrabungsstätte (f)	vendi i gërmimeve (m)	[véndi i gərmímɛvɛ]
Ausgrabungen (pl)	gërmime (pl)	[gərmímɛ]
Fund (m)	zbulim (m)	[zbulím]
Fragment (n)	fragment (m)	[fragmént]

116. Mittelalter

Volk (n)	popull (f)	[pópuɫ]
Völker (pl)	popuj (pl)	[pópuj]
Stamm (m)	klan (m)	[klan]
Stämme (pl)	klane (pl)	[kláne]
Barbaren (pl)	barbarë (pl)	[barbárə]

Gallier (pl)	Galët (pl)	[gálət]
Goten (pl)	Gotët (pl)	[gótət]
Slawen (pl)	Sllavët (pl)	[sɬávət]
Wikinger (pl)	Vikingët (pl)	[vikíŋət]

| Römer (pl) | Romakët (pl) | [romákət] |
| römisch | romak | [romák] |

Byzantiner (pl)	Bizantinët (pl)	[bizantínət]
Byzanz (n)	Bizanti (m)	[bizánti]
byzantinisch	bizantine	[bizantínɛ]

Kaiser (m)	perandor (m)	[pɛrandór]
Häuptling (m)	prijës (m)	[príjəs]
mächtig (Kaiser usw.)	i fuqishëm	[i fucíʃəm]
König (m)	mbret (m)	[mbrét]
Herrscher (Monarch)	sundimtar (m)	[sundimtár]

Ritter (m)	kalorës (m)	[kalórəs]
Feudalherr (m)	lord feudal (m)	[lórd fɛudál]
feudal, Feudal-	feudal	[fɛudál]
Vasall (m)	vasal (m)	[vasál]

Herzog (m)	dukë (f)	[dúkə]
Graf (m)	kont (m)	[kont]
Baron (m)	baron (m)	[barón]
Bischof (m)	peshkop (m)	[pɛʃkóp]

Rüstung (f)	parzmore (f)	[parzmórɛ]
Schild (m)	mburojë (f)	[mburójə]
Schwert (n)	shpatë (f)	[ʃpátə]
Visier (n)	ballnik (m)	[baɬník]
Panzerhemd (n)	thurak (m)	[θurák]

| Kreuzzug (m) | Kryqëzata (f) | [krycəzáta] |
| Kreuzritter (m) | kryqtar (m) | [kryctár] |

Territorium (n)	territor (m)	[tɛritór]
einfallen (vt)	sulmoj	[sulmój]
erobern (vt)	mposht	[mpóʃt]
besetzen (Land usw.)	pushtoj	[puʃtój]

Belagerung (f)	nën rrethim (m)	[nən rɛθím]
belagert	i rrethuar	[i rɛθúar]
belagern (vt)	rrethoj	[rɛθój]

Inquisition (f)	inkuizicion (m)	[inkuizitsión]
Inquisitor (m)	inkuizitor (m)	[inkuizitór]
Folter (f)	torturë (f)	[tortúrə]
grausam (-e Folter)	mizor	[mizór]
Häretiker (m)	heretik (m)	[hɛrɛtík]
Häresie (f)	herezi (f)	[hɛrɛzí]

Seefahrt (f)	lundrim (m)	[lundrím]
Seeräuber (m)	pirat (m)	[pirát]
Seeräuberei (f)	pirateri (f)	[piratɛrí]

Enterung (f)	sulm me anije (m)	[sulm mɛ aníjɛ]
Beute (f)	plaçkë (f)	[plátʃkə]
Schätze (pl)	thesare (pl)	[θɛsárɛ]
Entdeckung (f)	zbulim (m)	[zbulím]
entdecken (vt)	zbuloj	[zbulój]
Expedition (f)	ekspeditë (f)	[ɛkspɛdítə]
Musketier (m)	musketar (m)	[muskɛtár]
Kardinal (m)	kardinal (m)	[kardinál]
Heraldik (f)	heraldikë (f)	[hɛraldíkə]
heraldisch	heraldik	[hɛraldík]

117. Führungspersonen. Chef. Behörden

König (m)	mbret (m)	[mbrét]
Königin (f)	mbretëreshë (f)	[mbrɛtəréʃə]
königlich	mbretërore	[mbrɛtərórɛ]
Königreich (n)	mbretëri (f)	[mbrɛtərí]
Prinz (m)	princ (m)	[prints]
Prinzessin (f)	princeshë (f)	[printséʃə]
Präsident (m)	president (m)	[prɛsidént]
Vizepräsident (m)	zëvendës president (m)	[zəvéndəs prɛsidént]
Senator (m)	senator (m)	[sɛnatór]
Monarch (m)	monark (m)	[monárk]
Herrscher (m)	sundimtar (m)	[sundimtár]
Diktator (m)	diktator (m)	[diktatór]
Tyrann (m)	tiran (m)	[tirán]
Magnat (m)	manjat (m)	[maɲát]
Direktor (m)	drejtor (m)	[drɛjtór]
Chef (m)	udhëheqës (m)	[uðəhécəs]
Leiter (einer Abteilung)	drejtor (m)	[drɛjtór]
Boss (m)	bos (m)	[bos]
Eigentümer (m)	pronar (m)	[pronár]
Führer (m)	lider (m)	[lidér]
Leiter (Delegations-)	kryetar (m)	[kryɛtár]
Behörden (pl)	autoritetet (pl)	[autoritétɛt]
Vorgesetzten (pl)	eprorët (pl)	[ɛprórət]
Gouverneur (m)	guvernator (m)	[guvɛrnatór]
Konsul (m)	konsull (m)	[kónsuɫ]
Diplomat (m)	diplomat (m)	[diplomát]
Bürgermeister (m)	kryetar komune (m)	[kryɛtár komúnɛ]
Sheriff (m)	sherif (m)	[ʃɛríf]
Kaiser (m)	perandor (m)	[pɛrandór]
Zar (m)	car (m)	[tsár]
Pharao (m)	faraon (m)	[faraón]
Khan (m)	khan (m)	[khán]

118. Gesetzesverstoß Verbrecher. Teil 1

Bandit (m)	bandit (m)	[bandít]
Verbrechen (n)	krim (m)	[krim]
Verbrecher (m)	kriminel (m)	[kriminél]
Dieb (m)	hajdut (m)	[hajdút]
stehlen (vt)	vjedh	[vjɛð]
Diebstahl (m), Stehlen (n)	vjedhje (f)	[vjéðjɛ]
kidnappen (vt)	rrëmbej	[rəmbéj]
Kidnapping (n)	rrëmbim (m)	[rəmbím]
Kidnapper (m)	rrëmbyes (m)	[rəmbýɛs]
Lösegeld (n)	shpërblesë (f)	[ʃpərblésə]
Lösegeld verlangen	kërkoj shpërblesë	[kərkój ʃpərblésə]
rauben (vt)	grabis	[grabís]
Raub (m)	grabitje (f)	[grabítjɛ]
Räuber (m)	grabitës (m)	[grabítəs]
erpressen (vt)	zhvat	[ʒvat]
Erpresser (m)	zhvatës (m)	[ʒvátəs]
Erpressung (f)	zhvatje (f)	[ʒvátjɛ]
morden (vt)	vras	[vras]
Mord (m)	vrasje (f)	[vrásjɛ]
Mörder (m)	vrasës (m)	[vrásəs]
Schuss (m)	e shtënë (f)	[ɛ ʃténə]
schießen (vt)	qëlloj	[cəłój]
erschießen (vt)	qëlloj për vdekje	[cəłój pər vdékjɛ]
feuern (vi)	qëlloj	[cəłój]
Schießerei (f)	të shtëna (pl)	[tə ʃténa]
Vorfall (m)	incident (m)	[intsidént]
Schlägerei (f)	përleshje (f)	[pərléʃjɛ]
Hilfe!	Ndihmë!	[ndíhmə!]
Opfer (n)	viktimë (f)	[viktímə]
beschädigen (vt)	dëmtoj	[dəmtój]
Schaden (m)	dëm (m)	[dəm]
Leiche (f)	kufomë (f)	[kufómə]
schwer (-es Verbrechen)	i rëndë	[i réndə]
angreifen (vt)	sulmoj	[sulmój]
schlagen (vt)	rrah	[rah]
verprügeln (vt)	sakatoj	[sakatój]
wegnehmen (vt)	rrëmbej	[rəmbéj]
erstechen (vt)	ther për vdekje	[θɛr pər vdékjɛ]
verstümmeln (vt)	gjymtoj	[ɟymtój]
verwunden (vt)	plagos	[plagós]
Erpressung (f)	shantazh (m)	[ʃantáʒ]
erpressen (vt)	bëj shantazh	[bəj ʃantáʒ]

T&P Books. Wortschatz Deutsch-Albanisch für das Selbststudium - 5000 Wörter

Erpresser (m)	shantazhist (m)	[ʃantaʒíst]
Schutzgelderpressung (f)	rrjet mashtrimi (m)	[rjét maʃtrími]
Erpresser (Racketeer)	mashtrues (m)	[maʃtrúɛs]
Gangster (m)	gangster (m)	[gaŋstér]
Mafia (f)	mafia (f)	[máfia]

Taschendieb (m)	vjedhës xhepash (m)	[vjéðəs dʒépaʃ]
Einbrecher (m)	hajdut (m)	[hajdút]
Schmuggel (m)	trafikim (m)	[trafikím]
Schmuggler (m)	trafikues (m)	[trafikúɛs]

Fälschung (f)	falsifikim (m)	[falsifikím]
fälschen (vt)	falsifikoj	[falsifikój]
gefälscht	fals	[fáls]

119. Gesetzesbruch. Verbrecher. Teil 2

Vergewaltigung (f)	përdhunim (m)	[pərðuním]
vergewaltigen (vt)	përdhunoj	[pərðunój]
Gewalttäter (m)	përdhunues (m)	[pərðunúɛs]
Besessene (m)	maniak (m)	[maniák]

Prostituierte (f)	prostitutë (f)	[prostitútə]
Prostitution (f)	prostitucion (m)	[prostitutsión]
Zuhälter (m)	tutor (m)	[tutór]

| Drogenabhängiger (m) | narkoman (m) | [narkomán] |
| Drogenhändler (m) | trafikant droge (m) | [trafikánt drógɛ] |

sprengen (vt)	shpërthej	[ʃpərθéj]
Explosion (f)	shpërthim (m)	[ʃpərθím]
in Brand stecken	vë flakën	[və flákən]
Brandstifter (m)	zjarrvënës (m)	[zjarvénəs]

Terrorismus (m)	terrorizëm (m)	[tɛrorízəm]
Terrorist (m)	terrorist (m)	[tɛroríst]
Geisel (m, f)	peng (m)	[pɛŋ]

betrügen (vt)	mashtroj	[maʃtrój]
Betrug (m)	mashtrim (m)	[maʃtrím]
Betrüger (m)	mashtrues (m)	[maʃtrúɛs]

bestechen (vt)	jap ryshfet	[jap ryʃfét]
Bestechlichkeit (f)	ryshfet (m)	[ryʃfét]
Bestechungsgeld (n)	ryshfet (m)	[ryʃfét]

Gift (n)	helm (m)	[hɛlm]
vergiften (vt)	helmoj	[hɛlmój]
sich vergiften	helmohem	[hɛlmóhɛm]

Selbstmord (m)	vetëvrasje (f)	[vɛtəvrásjɛ]
Selbstmörder (m)	vetëvrasës (m)	[vɛtəvrásəs]
drohen (vi)	kërcënoj	[kərtsənój]
Drohung (f)	kërcënim (m)	[kərtsəním]

versuchen (vt)	tentoj	[tɛntój]
Attentat (n)	atentat (m)	[atɛntát]
stehlen (Auto ~)	vjedh	[vjɛð]
entführen (Flugzeug ~)	rrëmbej	[rəmbéj]
Rache (f)	hakmarrje (f)	[hakmárjɛ]
sich rächen	hakmerrem	[hakmérɛm]
foltern (vt)	torturoj	[torturój]
Folter (f)	torturë (f)	[tortúrə]
quälen (vt)	torturoj	[torturój]
Seeräuber (m)	pirat (m)	[pirát]
Rowdy (m)	huligan (m)	[huligán]
bewaffnet	i armatosur	[i armatósur]
Gewalt (f)	dhunë (f)	[ðúnə]
ungesetzlich	ilegal	[ilɛgál]
Spionage (f)	spiunazh (m)	[spiunáʒ]
spionieren (vi)	spiunoj	[spiunój]

120. Polizei Recht. Teil 1

Justiz (f)	drejtësi (f)	[drɛjtəsí]
Gericht (n)	gjykatë (f)	[ɟykátə]
Richter (m)	gjykatës (m)	[ɟykátəs]
Geschworenen (pl)	anëtar jurie (m)	[anətár juríɛ]
Geschworenengericht (n)	gjyq me juri (m)	[ɟýc mɛ jurí]
richten (vt)	gjykoj	[ɟykój]
Rechtsanwalt (m)	avokat (m)	[avokát]
Angeklagte (m)	pandehur (m)	[pandéhur]
Anklagebank (f)	bankë e të pandehurit (f)	[bánkə ɛ tə pandéhurit]
Anklage (f)	akuzë (f)	[akúzə]
Beschuldigte (m)	i akuzuar (m)	[i akuzúar]
Urteil (n)	vendim (m)	[vɛndím]
verurteilen (vt)	dënoj	[dənój]
Schuldige (m)	fajtor (m)	[fajtór]
bestrafen (vt)	ndëshkoj	[ndəʃkój]
Strafe (f)	ndëshkim (m)	[ndəʃkím]
Geldstrafe (f)	gjobë (f)	[ɟóbə]
lebenslange Haft (f)	burgim i përjetshëm (m)	[burgím i pərjétʃəm]
Todesstrafe (f)	dënim me vdekje (m)	[dəním mɛ vdékjɛ]
elektrischer Stuhl (m)	karrige elektrike (f)	[karígɛ ɛlɛktríkɛ]
Galgen (m)	varje (f)	[várjɛ]
hinrichten (vt)	ekzekutoj	[ɛkzɛkutój]
Hinrichtung (f)	ekzekutim (m)	[ɛkzɛkutím]

Gefängnis (n)	burg (m)	[búrg]
Zelle (f)	qeli (f)	[cɛlí]

Eskorte (f)	eskortë (f)	[ɛskórtə]
Gefängniswärter (m)	gardian burgu (m)	[gardián búrgu]
Gefangene (m)	i burgosur (m)	[i burgósur]

Handschellen (pl)	pranga (f)	[práŋa]
Handschellen anlegen	vë prangat	[və práŋat]

Ausbruch (Flucht)	arratisje nga burgu (f)	[aratísjɛ ŋa búrgu]
ausbrechen (vi)	arratisem	[aratísɛm]
verschwinden (vi)	zhduk	[ʒduk]
aus ... entlassen	dal nga burgu	[dál ŋa búrgu]
Amnestie (f)	amnisti (f)	[amnistí]

Polizei (f)	polici (f)	[politsí]
Polizist (m)	polic (m)	[políts]
Polizeiwache (f)	komisariat (m)	[komisariát]
Gummiknüppel (m)	shkop gome (m)	[ʃkop gómɛ]
Sprachrohr (n)	altoparlant (m)	[altoparlánt]

Streifenwagen (m)	makinë patrullimi (f)	[makínə patruɫími]
Sirene (f)	alarm (m)	[alárm]
die Sirene einschalten	ndez sirenën	[ndɛz sirénən]
Sirenengeheul (n)	zhurmë alarmi (f)	[ʒúrmə alármi]

Tatort (m)	skenë krimi (f)	[skénə krími]
Zeuge (m)	dëshmitar (m)	[dəʃmitár]
Freiheit (f)	liri (f)	[lirí]
Komplize (m)	bashkëpunëtor (m)	[baʃkəpunətór]
verschwinden (vi)	zhdukem	[ʒdúkɛm]
Spur (f)	gjurmë (f)	[ɟúrmə]

121. Polizei. Recht. Teil 2

Fahndung (f)	kërkim (m)	[kərkím]
suchen (vt)	kërkoj ...	[kərkój ...]
Verdacht (m)	dyshim (m)	[dyʃím]
verdächtig (Adj)	i dyshuar	[i dyʃúar]
anhalten (Polizei)	ndaloj	[ndalój]
verhaften (vt)	mbaj të ndaluar	[mbáj tə ndalúar]

Fall (m), Klage (f)	padi (f)	[padí]
Untersuchung (f)	hetim (m)	[hɛtím]
Detektiv (m)	detektiv (m)	[dɛtɛktív]
Ermittlungsrichter (m)	hetues (m)	[hɛtúɛs]
Version (f)	hipotezë (f)	[hipotézə]

Motiv (n)	motiv (m)	[motív]
Verhör (n)	marrje në pyetje (f)	[márjɛ nə pýɛtjɛ]
verhören (vt)	marr në pyetje	[mar nə pýɛtjɛ]
vernehmen (vt)	pyes	[pýɛs]
Kontrolle (Personen-)	verifikim (m)	[vɛrifikím]

Razzia (f)	kontroll në grup (m)	[kontróɫ nə grúp]
Durchsuchung (f)	bastisje (f)	[bastísjɛ]
Verfolgung (f)	ndjekje (f)	[ndjékjɛ]
nachjagen (vi)	ndjek	[ndjék]
verfolgen (vt)	ndjek	[ndjék]
Verhaftung (f)	arrestim (m)	[arɛstím]
verhaften (vt)	arrestoj	[arɛstój]
fangen (vt)	kap	[kap]
Festnahme (f)	kapje (f)	[kápjɛ]
Dokument (n)	dokument (m)	[dokumént]
Beweis (m)	provë (f)	[próvə]
beweisen (vt)	dëshmoj	[dəʃmój]
Fußspur (f)	gjurmë (f)	[ɟúrmə]
Fingerabdrücke (pl)	shenja gishtash (pl)	[ʃéɲa gíʃtaʃ]
Beweisstück (n)	provë (f)	[próvə]
Alibi (n)	alibi (f)	[alibí]
unschuldig	i pafajshëm	[i pafájʃəm]
Ungerechtigkeit (f)	padrejtësi (f)	[padrɛjtəsí]
ungerecht	i padrejtë	[i padréjtə]
Kriminal-	kriminale	[kriminálɛ]
beschlagnahmen (vt)	konfiskoj	[konfiskój]
Droge (f)	drogë (f)	[drógə]
Waffe (f)	armë (f)	[ármə]
entwaffnen (vt)	çarmatos	[tʃarmatós]
befehlen (vt)	urdhëroj	[urðərój]
verschwinden (vi)	zhduk	[ʒduk]
Gesetz (n)	ligj (m)	[liɟ]
gesetzlich	ligjor	[liɟór]
ungesetzlich	i paligjshëm	[i palíɟʃəm]
Verantwortlichkeit (f)	përgjegjësi (f)	[pərɟɛɟəsí]
verantwortlich	përgjegjës	[pərɟéɟəs]

NATUR

Die Erde. Teil 1

122. Weltall

Kosmos (m)	hapësirë (f)	[hapəsírə]
kosmisch, Raum-	hapësinor	[hapəsinór]
Weltraum (m)	kozmos (m)	[kozmós]
All (n)	botë (f)	[bótə]
Universum (n)	univers	[univérs]
Galaxie (f)	galaksi (f)	[galaksí]
Stern (m)	yll (m)	[yɬ]
Gestirn (n)	yllësi (f)	[yɬəsí]
Planet (m)	planet (m)	[planét]
Satellit (m)	satelit (m)	[satɛlít]
Meteorit (m)	meteor (m)	[mɛtɛór]
Komet (m)	kometë (f)	[kométə]
Asteroid (m)	asteroid (m)	[astɛroíd]
Umlaufbahn (f)	orbitë (f)	[orbítə]
sich drehen	rrotullohet	[rrotuɬóhɛt]
Atmosphäre (f)	atmosferë (f)	[atmosférə]
Sonne (f)	Dielli (m)	[diéti]
Sonnensystem (n)	sistemi diellor (m)	[sistémi diɛtór]
Sonnenfinsternis (f)	eklips diellor (m)	[ɛklíps diɛtór]
Erde (f)	Toka (f)	[tóka]
Mond (m)	Hëna (f)	[hə́na]
Mars (m)	Marsi (m)	[mársi]
Venus (f)	Venera (f)	[vɛnéra]
Jupiter (m)	Jupiteri (m)	[jupitéri]
Saturn (m)	Saturni (m)	[satúrni]
Merkur (m)	Merkuri (m)	[mɛrkúri]
Uran (m)	Urani (m)	[uráni]
Neptun (m)	Neptuni (m)	[nɛptúni]
Pluto (m)	Pluto (f)	[plúto]
Milchstraße (f)	Rruga e Qumështit (f)	[rúga ɛ cúməʃtit]
Der Große Bär	Arusha e Madhe (f)	[arúʃa ɛ máðɛ]
Polarstern (m)	ylli i Veriut (m)	[ýɬi i vériut]
Marsbewohner (m)	Marsian (m)	[marsián]
Außerirdischer (m)	jashtëtokësor (m)	[jaʃtətokəsór]

außerirdisches Wesen (n) | alien (m) | [alién]
fliegende Untertasse (f) | disk fluturues (m) | [dísk fluturúɛs]

Raumschiff (n) | anije kozmike (f) | [aníjɛ kozmíkɛ]
Raumstation (f) | stacion kozmik (m) | [statsión kozmík]
Raketenstart (m) | ngritje (f) | [ŋrítjɛ]

Triebwerk (n) | motor (m) | [motór]
Düse (f) | dizë (f) | [dízə]
Treibstoff (m) | karburant (m) | [karburánt]

Kabine (f) | kabinë pilotimi (f) | [kabínə pilotími]
Antenne (f) | antenë (f) | [anténə]
Bullauge (n) | dritare anësore (f) | [dritárɛ anəsórɛ]
Sonnenbatterie (f) | panel solar (m) | [panél solár]
Raumanzug (m) | veshje astronauti (f) | [véʃjɛ astronáuti]

Schwerelosigkeit (f) | mungesë graviteti (f) | [muŋésə gravitéti]
Sauerstoff (m) | oksigjen (m) | [oksiɟén]

Ankopplung (f) | ndërlidhje në hapësirë (f) | [ndərlíðjɛ nə hapəsírə]
koppeln (vi) | stacionohem | [statsionóhɛm]

Observatorium (n) | observator (m) | [obsɛrvatór]
Teleskop (n) | teleskop (m) | [tɛlɛskóp]
beobachten (vt) | vëzhgoj | [vəʒgój]
erforschen (vt) | eksploroj | [ɛksploroj]

123. Die Erde

Erde (f) | Toka (f) | [tóka]
Erdkugel (f) | globi (f) | [glóbi]
Planet (m) | planet (m) | [planét]

Atmosphäre (f) | atmosferë (f) | [atmosférə]
Geographie (f) | gjeografi (f) | [ɟɛografí]
Natur (f) | natyrë (f) | [natýrə]

Globus (m) | glob (m) | [glob]
Landkarte (f) | hartë (f) | [hártə]
Atlas (m) | atlas (m) | [atlás]

Europa (n) | Evropa (f) | [ɛvrópa]
Asien (n) | Azia (f) | [azía]

Afrika (n) | Afrika (f) | [afríka]
Australien (n) | Australia (f) | [australía]

Amerika (n) | Amerika (f) | [amɛríka]
Nordamerika (n) | Amerika Veriore (f) | [amɛríka vɛriórɛ]
Südamerika (n) | Amerika Jugore (f) | [amɛríka jugórɛ]

Antarktis (f) | Antarktika (f) | [antarktíka]
Arktis (f) | Arktiku (m) | [arktíku]

124. Himmelsrichtungen

Norden (m)	veri (m)	[vɛrí]
nach Norden	drejt veriut	[dréjt vériut]
im Norden	në veri	[nə vɛrí]
nördlich	verior	[vɛriór]
Süden (m)	jug (m)	[jug]
nach Süden	drejt jugut	[dréjt júgut]
im Süden	në jug	[nə jug]
südlich	jugor	[jugór]
Westen (m)	perëndim (m)	[pɛrəndím]
nach Westen	drejt perëndimit	[dréjt pɛrəndímit]
im Westen	në perëndim	[nə pɛrəndím]
westlich, West-	perëndimor	[pɛrəndimór]
Osten (m)	lindje (f)	[líndjɛ]
nach Osten	drejt lindjes	[dréjt líndjɛs]
im Osten	në lindje	[nə líndjɛ]
östlich	lindor	[lindór]

125. Meer. Ozean

Meer (n), See (f)	det (m)	[dét]
Ozean (m)	oqean (m)	[ocɛán]
Golf (m)	gji (m)	[ɟi]
Meerenge (f)	ngushticë (f)	[ŋuʃtítsə]
Festland (n)	tokë (f)	[tókə]
Kontinent (m)	kontinent (m)	[kontinént]
Insel (f)	ishull (m)	[íʃuɫ]
Halbinsel (f)	gadishull (m)	[gadíʃuɫ]
Archipel (m)	arkipelag (m)	[arkipɛlág]
Bucht (f)	gji (m)	[ɟi]
Hafen (m)	port (m)	[port]
Lagune (f)	lagunë (f)	[lagúnə]
Kap (n)	kep (m)	[kɛp]
Atoll (n)	atol (m)	[atól]
Riff (n)	shkëmb nënujor (m)	[ʃkəmb nənujór]
Koralle (f)	koral (m)	[korál]
Korallenriff (n)	korale nënujorë (f)	[korálɛ nənujórə]
tief (Adj)	i thellë	[i θéɫə]
Tiefe (f)	thellësi (f)	[θɛɫəsí]
Abgrund (m)	humnerë (f)	[humnérə]
Graben (m)	hendek (m)	[hɛndék]
Strom (m)	rrymë (f)	[rýmə]
umspülen (vt)	rrethohet	[rɛθóhɛt]

Ufer (n)	breg (m)	[brɛg]
Küste (f)	bregdet (m)	[brɛgdét]
Flut (f)	batica (f)	[batítsa]
Ebbe (f)	zbaticë (f)	[zbatítsə]
Sandbank (f)	cekëtinë (f)	[tsɛkətínə]
Boden (m)	fund i detit (m)	[fúnd i détit]
Welle (f)	dallgë (f)	[dáɫgə]
Wellenkamm (m)	kreshtë (f)	[kréʃtə]
Schaum (m)	shkumë (f)	[ʃkúmə]
Sturm (m)	stuhi (f)	[stuhí]
Orkan (m)	uragan (m)	[uragán]
Tsunami (m)	cunam (m)	[tsunám]
Windstille (f)	qetësi (f)	[cɛtəsí]
ruhig	i qetë	[i cétə]
Pol (m)	pol (m)	[pol]
Polar-	polar	[polár]
Breite (f)	gjerësi (f)	[ɟɛrəsí]
Länge (f)	gjatësi (f)	[ɟatəsí]
Breitenkreis (m)	paralele (f)	[paralélɛ]
Äquator (m)	ekuator (m)	[ɛkuatór]
Himmel (m)	qiell (m)	[cíɛɫ]
Horizont (m)	horizont (m)	[horizónt]
Luft (f)	ajër (m)	[ájər]
Leuchtturm (m)	fanar (m)	[fanár]
tauchen (vi)	zhytem	[ʒýtɛm]
versinken (vi)	fundosje	[fundósjɛ]
Schätze (pl)	thesare (pl)	[θɛsárɛ]

126. Namen der Meere und Ozeane

Atlantischer Ozean (m)	Oqeani Atlantik (m)	[ocɛáni atlantík]
Indischer Ozean (m)	Oqeani Indian (m)	[ocɛáni indián]
Pazifischer Ozean (m)	Oqeani Paqësor (m)	[ocɛáni pacəsór]
Arktischer Ozean (m)	Oqeani Arktik (m)	[ocɛáni arktík]
Schwarzes Meer (n)	Deti i Zi (m)	[déti i zí]
Rotes Meer (n)	Deti i Kuq (m)	[déti i kúc]
Gelbes Meer (n)	Deti i Verdhë (m)	[déti i vérðə]
Weißes Meer (n)	Deti i Bardhë (m)	[déti i bárðə]
Kaspisches Meer (n)	Deti Kaspik (m)	[déti kaspík]
Totes Meer (n)	Deti i Vdekur (m)	[déti i vdékur]
Mittelmeer (n)	Deti Mesdhe (m)	[déti mɛsðé]
Ägäisches Meer (n)	Deti Egje (m)	[déti ɛɟé]
Adriatisches Meer (n)	Deti Adriatik (m)	[déti adriatík]
Arabisches Meer (n)	Deti Arab (m)	[déti aráb]

Japanisches Meer (n)	Deti i Japonisë (m)	[déti i japonísə]
Beringmeer (n)	Deti Bering (m)	[déti bériŋ]
Südchinesisches Meer (n)	Deti i Kinës Jugore (m)	[déti i kínəs jugórɛ]
Korallenmeer (n)	Deti Koral (m)	[déti korál]
Tasmansee (f)	Deti Tasman (m)	[déti tasmán]
Karibisches Meer (n)	Deti i Karaibeve (m)	[déti i karaíbɛvɛ]
Barentssee (f)	Deti Barents (m)	[déti barénts]
Karasee (f)	Deti Kara (m)	[déti kára]
Nordsee (f)	Deti i Veriut (m)	[déti i vériut]
Ostsee (f)	Deti Baltik (m)	[déti baltík]
Nordmeer (n)	Deti Norvegjez (m)	[déti norvɛɟéz]

127. Berge

Berg (m)	mal (m)	[mal]
Gebirgskette (f)	vargmal (m)	[vargmál]
Bergrücken (m)	kresht malor (m)	[kréʃt malór]
Gipfel (m)	majë (f)	[májə]
Spitze (f)	maja më e lartë (f)	[mája mə ɛ lártə]
Bergfuß (m)	rrëza e malit (f)	[rəza ɛ málit]
Abhang (m)	shpat (m)	[ʃpat]
Vulkan (m)	vullkan (m)	[vuɫkán]
tätiger Vulkan (m)	vullkan aktiv (m)	[vuɫkán aktív]
schlafender Vulkan (m)	vullkan i fjetur (m)	[vuɫkán i fjétur]
Ausbruch (m)	shpërthim (m)	[ʃpərθím]
Krater (m)	krater (m)	[kratér]
Magma (n)	magmë (f)	[mágmə]
Lava (f)	llavë (f)	[ɫávə]
glühend heiß (-e Lava)	i shkrirë	[i ʃkrírə]
Cañon (m)	kanion (m)	[kanión]
Schlucht (f)	grykë (f)	[grýkə]
Spalte (f)	çarje (f)	[tʃárjɛ]
Abgrund (m) (steiler ~)	humnerë (f)	[humnérə]
Gebirgspass (m)	kalim (m)	[kalím]
Plateau (n)	pllajë (f)	[pɫájə]
Fels (m)	shkëmb (m)	[ʃkəmb]
Hügel (m)	kodër (f)	[kódər]
Gletscher (m)	akullnajë (f)	[akuɫnájə]
Wasserfall (m)	ujëvarë (f)	[ujəvárə]
Geiser (m)	gejzer (m)	[gɛjzér]
See (m)	liqen (m)	[licén]
Ebene (f)	fushë (f)	[fúʃə]
Landschaft (f)	peizazh (m)	[pɛizáʒ]
Echo (n)	jehonë (f)	[jɛhónə]

Bergsteiger (m)	alpinist (m)	[alpiníst]
Kletterer (m)	alpinist shkëmbßinjsh (m)	[alpiníst ʃkəmbiɲʃ]
bezwingen (vt)	pushtoj majën	[puʃtój májən]
Aufstieg (m)	ngjitje (f)	[ɲjítjɛ]

128. Namen der Berge

Alpen (pl)	Alpet (pl)	[alpét]
Montblanc (m)	Montblanc (m)	[montblánk]
Pyrenäen (pl)	Pirenejet (pl)	[pirɛnéjɛt]

Karpaten (pl)	Karpatet (m)	[karpátɛt]
Uralgebirge (n)	Malet Urale (pl)	[málɛt urálɛ]
Kaukasus (m)	Malet Kaukaze (pl)	[málɛt kaukázɛ]
Elbrus (m)	Mali Elbrus (m)	[máli ɛlbrús]

Altai (m)	Malet Altai (pl)	[málɛt altái]
Tian Shan (m)	Tian Shani (m)	[tían ʃáni]
Pamir (m)	Malet e Pamirit (m)	[málɛt ɛ pamírit]
Himalaja (m)	Himalajet (pl)	[himalájɛt]
Everest (m)	Mali Everest (m)	[máli ɛvɛrést]

| Anden (pl) | andet (pl) | [ándɛt] |
| Kilimandscharo (m) | Mali Kilimanxharo (m) | [máli kilimandʒáro] |

129. Flüsse

Fluss (m)	lum (m)	[lum]
Quelle (f)	burim (m)	[burím]
Flussbett (n)	shtrat lumi (m)	[ʃtrat lúmi]
Stromgebiet (n)	basen (m)	[basén]
einmünden in ...	rrjedh ...	[rjéð ...]

| Nebenfluss (m) | derdhje (f) | [dérðjɛ] |
| Ufer (n) | breg (m) | [brɛg] |

Strom (m)	rrymë (f)	[rýmə]
stromabwärts	rrjedhje e poshtme	[rjéðjɛ ɛ póʃtmɛ]
stromaufwärts	rrjedhje e sipërme	[rjéðjɛ ɛ sípərmɛ]

Überschwemmung (f)	vërshim (m)	[vərʃím]
Hochwasser (n)	përmbytje (f)	[pərmbýtjɛ]
aus den Ufern treten	vërshon	[vərʃón]
überfluten (vt)	përmbytet	[pərmbýtɛt]

| Sandbank (f) | cekëtinë (f) | [tsɛkətínə] |
| Stromschnelle (f) | rrjedhë (f) | [rjéðə] |

Damm (m)	digë (f)	[dígə]
Kanal (m)	kanal (m)	[kanál]
Stausee (m)	rezervuar (m)	[rɛzɛrvuár]
Schleuse (f)	pendë ujore (f)	[péndə ujórɛ]

Gewässer (n)	plan hidrik (m)	[plan hidrík]
Sumpf (m), Moor (n)	kënetë (f)	[kənétə]
Marsch (f)	moçal (m)	[motʃál]
Strudel (m)	vorbull (f)	[vórbuɫ]

Bach (m)	përrua (f)	[pərúa]
Trink- (z.B. Trinkwasser)	i pijshëm	[i píʃʃəm]
Süß- (Wasser)	i freskët	[i fréskət]

| Eis (n) | akull (m) | [ákuɫ] |
| zufrieren (vi) | ngrihet | [ŋríhɛt] |

130. Namen der Flüsse

| Seine (f) | Sena (f) | [séna] |
| Loire (f) | Loire (f) | [luar] |

Themse (f)	Temza (f)	[témza]
Rhein (m)	Rajnë (m)	[rájnə]
Donau (f)	Danubi (m)	[danúbi]

Wolga (f)	Volga (f)	[vólga]
Don (m)	Doni (m)	[dóni]
Lena (f)	Lena (f)	[léna]

Gelber Fluss (m)	Lumi i Verdhë (m)	[lúmi i vérðə]
Jangtse (m)	Jangce (f)	[jaŋtsé]
Mekong (m)	Mekong (m)	[mɛkóŋ]
Ganges (m)	Gang (m)	[gaŋ]

Nil (m)	Lumi Nil (m)	[lúmi nil]
Kongo (m)	Lumi Kongo (m)	[lúmi kóŋo]
Okavango (m)	Lumi Okavango (m)	[lúmi okaváŋo]
Sambesi (m)	Lumi Zambezi (m)	[lúmi zambézi]
Limpopo (m)	Lumi Limpopo (m)	[lúmi limpópo]
Mississippi (m)	Lumi Misisipi (m)	[lúmi misisípi]

131. Wald

| Wald (m) | pyll (m) | [pyɫ] |
| Wald- | pyjor | [pyjór] |

Dickicht (n)	pyll i ngjeshur (m)	[pyɫ i ɲjéʃur]
Gehölz (n)	zabel (m)	[zabél]
Lichtung (f)	lëndinë (f)	[ləndínə]

| Dickicht (n) | pyllëz (m) | [pýɫəz] |
| Gebüsch (n) | shkurre (f) | [ʃkúrɛ] |

Fußweg (m)	shteg (m)	[ʃtɛg]
Erosionsrinne (f)	hon (m)	[hon]
Baum (m)	pemë (f)	[pémə]

| Blatt (n) | gjeth (m) | [ɟεθ] |
| Laub (n) | gjethe (pl) | [ɟéθε] |

Laubfall (m)	rënie e gjetheve (f)	[rəníε ε ɟéθενε]
fallen (Blätter)	bien	[bíεn]
Wipfel (m)	maje (f)	[májε]

Zweig (m)	degë (f)	[dégə]
Ast (m)	degë (f)	[dégə]
Knospe (f)	syth (m)	[syθ]
Nadel (f)	shtiza pishe (f)	[ʃtíza píʃε]
Zapfen (m)	lule pishe (f)	[lúlε píʃε]

Höhlung (f)	zgavër (f)	[zgávər]
Nest (n)	fole (f)	[folé]
Höhle (f)	strofull (f)	[stróful]

Stamm (m)	trung (m)	[truŋ]
Wurzel (f)	rrënjë (f)	[réɲə]
Rinde (f)	lëvore (f)	[ləvórε]
Moos (n)	myshk (m)	[myʃk]

entwurzeln (vt)	shkul	[ʃkul]
fällen (vt)	pres	[prεs]
abholzen (vt)	shpyllëzoj	[ʃpyɫəzój]
Baumstumpf (m)	cung (m)	[tsúŋ]

Lagerfeuer (n)	zjarr kampingu (m)	[zjar kampíŋu]
Waldbrand (m)	zjarr në pyll (m)	[zjar nə pyɫ]
löschen (vt)	shuaj	[ʃúaj]

Förster (m)	roje pyjore (f)	[rójε pyjórε]
Schutz (m)	mbrojtje (f)	[mbrójtjε]
beschützen (vt)	mbroj	[mbrój]
Wilddieb (m)	gjahtar i jashtëligjshëm (m)	[ɟahtár i jaʃtəlíɟʃəm]
Falle (f)	grackë (f)	[grátskə]

| sammeln, pflücken (vt) | mbledh | [mbléð] |
| sich verirren | humb rrugën | [húmb rúgən] |

132. natürliche Lebensgrundlagen

Naturressourcen (pl)	burime natyrore (pl)	[burímε natyrórε]
Bodenschätze (pl)	minerale (pl)	[minεrálε]
Vorkommen (n)	depozita (pl)	[dεpozíta]
Feld (Ölfeld usw.)	fushë (f)	[fúʃə]

gewinnen (vt)	nxjerr	[ndzjér]
Gewinnung (f)	nxjerrje mineralesh (f)	[ndzjérjε minεrálεʃ]
Erz (n)	xehe (f)	[dzéhε]
Bergwerk (n)	minierë (f)	[miniérə]
Schacht (m)	nivel (m)	[nivél]
Bergarbeiter (m)	minator (m)	[minatór]
Erdgas (n)	gaz (m)	[gaz]

Gasleitung (f)	gazsjellës (m)	[gazsjétəs]
Erdöl (n)	naftë (f)	[náftə]
Erdölleitung (f)	naftësjellës (f)	[naftəsjétəs]
Ölquelle (f)	pus nafte (m)	[pus náftɛ]
Bohrturm (m)	burim nafte (m)	[burím náftɛ]
Tanker (m)	anije-cisternë (f)	[aníjɛ-tsistérnə]

Sand (m)	rërë (f)	[rə́rə]
Kalkstein (m)	gur gëlqeror (m)	[gur gəlcɛrór]
Kies (m)	zhavorr (m)	[ʒavór]
Torf (m)	torfë (f)	[tórfə]
Ton (m)	argjilë (f)	[arɟílə]
Kohle (f)	qymyr (m)	[cymýr]

Eisen (n)	hekur (m)	[hékur]
Gold (n)	ar (m)	[ár]
Silber (n)	argjend (m)	[arɟénd]
Nickel (n)	nikel (m)	[nikél]
Kupfer (n)	bakër (m)	[bákər]

Zink (n)	zink (m)	[zink]
Mangan (n)	mangan (m)	[maŋán]
Quecksilber (n)	merkur (m)	[mɛrkúr]
Blei (n)	plumb (m)	[plúmb]

Mineral (n)	mineral (m)	[minɛrál]
Kristall (m)	kristal (m)	[kristál]
Marmor (m)	mermer (m)	[mɛrmér]
Uran (n)	uranium (m)	[uraniúm]

Die Erde. Teil 2

133. Wetter

Wetter (n)	moti (m)	[móti]
Wetterbericht (m)	parashikimi i motit (m)	[paraʃikími i mótit]
Temperatur (f)	temperaturë (f)	[tɛmpɛratúrə]
Thermometer (n)	termometër (m)	[tɛrmométər]
Barometer (n)	barometër (m)	[barométər]
feucht	i lagësht	[i lágəʃt]
Feuchtigkeit (f)	lagështi (f)	[lagəʃtí]
Hitze (f)	vapë (f)	[vápə]
glutheiß	shumë nxehtë	[ʃúmə ndzéhtə]
ist heiß	është nxehtë	[éʃtə ndzéhtə]
ist warm	është ngrohtë	[éʃtə ŋróhtə]
warm (Adj)	ngrohtë	[ŋróhtə]
ist kalt	bën ftohtë	[bən ftóhtə]
kalt (Adj)	i ftohtë	[i ftóhtə]
Sonne (f)	diell (m)	[díɛɫ]
scheinen (vi)	ndriçon	[ndritʃón]
sonnig (Adj)	me diell	[mɛ díɛɫ]
aufgehen (vi)	agon	[agón]
untergehen (vi)	perëndon	[pɛrəndón]
Wolke (f)	re (f)	[rɛ]
bewölkt, wolkig	vranët	[vránət]
Regenwolke (f)	re shiu (f)	[rɛ ʃiu]
trüb (-er Tag)	vranët	[vránət]
Regen (m)	shi (m)	[ʃi]
Es regnet	bie shi	[bíɛ ʃi]
regnerisch (-er Tag)	me shi	[mɛ ʃi]
nieseln (vi)	shi i imët	[ʃi i ímət]
strömender Regen (m)	shi litar (m)	[ʃi litár]
Regenschauer (m)	stuhi shiu (f)	[stuhí ʃiu]
stark (-er Regen)	i fortë	[i fórtə]
Pfütze (f)	brakë (f)	[brákə]
nass werden (vi)	lagem	[lágɛm]
Nebel (m)	mjegull (f)	[mjéguɫ]
neblig (-er Tag)	e mjegullt	[ɛ mjéguɫt]
Schnee (m)	borë (f)	[bórə]
Es schneit	bie borë	[bíɛ bórə]

134. Unwetter Naturkatastrophen

Gewitter (n)	stuhi (f)	[ʃtuhí]
Blitz (m)	vetëtimë (f)	[vɛtətímə]
blitzen (vi)	vetëton	[vɛtətón]

Donner (m)	bubullimë (f)	[bubuɫímə]
donnern (vi)	bubullon	[bubuɫón]
Es donnert	bubullon	[bubuɫón]

Hagel (m)	breshër (m)	[bréʃər]
Es hagelt	po bie breshër	[po biɛ bréʃər]

überfluten (vt)	përmbytet	[pərmbýtɛt]
Überschwemmung (f)	përmbytje (f)	[pərmbýtjɛ]

Erdbeben (n)	tërmet (m)	[tərmét]
Erschütterung (f)	lëkundje (f)	[ləkúndjɛ]
Epizentrum (n)	epiqendër (f)	[ɛpicéndər]

Ausbruch (m)	shpërthim (m)	[ʃpərθím]
Lava (f)	llavë (f)	[ɫávə]

Wirbelsturm (m)	vorbull (f)	[vórbuɫ]
Tornado (m)	tornado (f)	[tornádo]
Taifun (m)	tajfun (m)	[tajfún]

Orkan (m)	uragan (m)	[uragán]
Sturm (m)	stuhi (f)	[ʃtuhí]
Tsunami (m)	cunam (m)	[tsunám]

Zyklon (m)	ciklon (m)	[tsiklón]
Unwetter (n)	mot i keq (m)	[mot i kɛc]
Brand (m)	zjarr (m)	[zjar]
Katastrophe (f)	fatkeqësi (f)	[fatkɛcəsí]
Meteorit (m)	meteor (m)	[mɛtɛór]

Lawine (f)	ortek (m)	[orték]
Schneelawine (f)	rrëshqitje bore (f)	[rəʃcítjɛ bórɛ]
Schneegestöber (n)	stuhi bore (f)	[ʃtuhí bórɛ]
Schneesturm (m)	stuhi bore (f)	[ʃtuhí bórɛ]

Fauna

135. Säugetiere. Raubtiere

Raubtier (n)	grabitqar (m)	[grabitcár]
Tiger (m)	tigër (m)	[tígər]
Löwe (m)	luan (m)	[luán]
Wolf (m)	ujk (m)	[ujk]
Fuchs (m)	dhelpër (f)	[ðélpər]
Jaguar (m)	jaguar (m)	[jaguár]
Leopard (m)	leopard (m)	[lɛopárd]
Gepard (m)	gepard (m)	[gɛpárd]
Panther (m)	panterë e zezë (f)	[pantérə ɛ zézə]
Puma (m)	puma (f)	[púma]
Schneeleopard (m)	leopard i borës (m)	[lɛopárd i bórəs]
Luchs (m)	rrëqebull (m)	[rəcébuɫ]
Kojote (m)	kojotë (f)	[kojótə]
Schakal (m)	çakall (m)	[tʃakáɫ]
Hyäne (f)	hienë (f)	[hiénə]

136. Tiere in freier Wildbahn

Tier (n)	kafshë (f)	[káfʃə]
Bestie (f)	bishë (f)	[bíʃə]
Eichhörnchen (n)	ketër (m)	[kétər]
Igel (m)	iriq (m)	[iríc]
Hase (m)	lepur i egër (m)	[lépur i égər]
Kaninchen (n)	lepur (m)	[lépur]
Dachs (m)	vjedull (f)	[vjéduɫ]
Waschbär (m)	rakun (m)	[rakún]
Hamster (m)	hamster (m)	[hamstér]
Murmeltier (n)	marmot (m)	[marmót]
Maulwurf (m)	urith (m)	[uríθ]
Maus (f)	mi (m)	[mi]
Ratte (f)	mi (m)	[mi]
Fledermaus (f)	lakuriq (m)	[lakuríc]
Hermelin (n)	herminë (f)	[hɛrmínə]
Zobel (m)	kunadhe (f)	[kunáðɛ]
Marder (m)	shqarth (m)	[ʃcarθ]
Wiesel (n)	nuselalë (f)	[nusɛlálə]
Nerz (m)	vizon (m)	[vizón]

Biber (m)	kastor (m)	[kastór]
Fischotter (m)	vidër (f)	[víðər]
Pferd (n)	kali (m)	[káli]
Elch (m)	dre brilopatë (m)	[drɛ brilopátə]
Hirsch (m)	dre (f)	[drɛ]
Kamel (n)	deve (f)	[dévɛ]
Bison (m)	bizon (m)	[bizón]
Wisent (m)	bizon evropian (m)	[bizón ɛvropián]
Büffel (m)	buall (m)	[búaɫ]
Zebra (n)	zebër (f)	[zébər]
Antilope (f)	antilopë (f)	[antilópə]
Reh (n)	dre (f)	[drɛ]
Damhirsch (m)	dre ugar (m)	[drɛ ugár]
Gämse (f)	kamosh (m)	[kamóʃ]
Wildschwein (n)	derr i egër (m)	[dér i égər]
Wal (m)	balenë (f)	[balénə]
Seehund (m)	fokë (f)	[fókə]
Walroß (n)	lopë deti (f)	[lópə déti]
Seebär (m)	fokë (f)	[fókə]
Delfin (m)	delfin (m)	[dɛlfín]
Bär (m)	ari (m)	[arí]
Eisbär (m)	ari polar (m)	[arí polár]
Panda (m)	panda (f)	[pánda]
Affe (m)	majmun (m)	[majmún]
Schimpanse (m)	shimpanze (f)	[ʃimpánzɛ]
Orang-Utan (m)	orangutan (m)	[oraŋután]
Gorilla (m)	gorillë (f)	[goríɫə]
Makak (m)	majmun makao (m)	[majmún makáo]
Gibbon (m)	gibon (m)	[gibón]
Elefant (m)	elefant (m)	[ɛlɛfánt]
Nashorn (n)	rinoqeront (m)	[rinocɛrónt]
Giraffe (f)	gjirafë (f)	[ɟiráfə]
Flusspferd (n)	hipopotam (m)	[hipopotám]
Känguru (n)	kangur (m)	[kaŋúr]
Koala (m)	koala (f)	[koála]
Manguste (f)	mangustë (f)	[maŋústə]
Chinchilla (n)	çinçila (f)	[tʃintʃíla]
Stinktier (n)	qelbës (m)	[célbəs]
Stachelschwein (n)	ferrëgjatë (m)	[fɛrəɟátə]

137. Haustiere

Katze (f)	mace (f)	[mátsɛ]
Kater (m)	maçok (m)	[matʃók]
Hund (m)	qen (m)	[cɛn]

Pferd (n)	kali (m)	[káli]
Hengst (m)	hamshor (m)	[hamʃór]
Stute (f)	pelë (f)	[pélə]

Kuh (f)	lopë (f)	[lópə]
Stier (m)	dem (m)	[dém]
Ochse (m)	ka (m)	[ka]

Schaf (n)	dele (f)	[délɛ]
Widder (m)	dash (m)	[daʃ]
Ziege (f)	dhi (f)	[ði]
Ziegenbock (m)	cjap (m)	[tsjáp]

| Esel (m) | gomar (m) | [gomár] |
| Maultier (n) | mushkë (f) | [múʃkə] |

Schwein (n)	derr (m)	[dɛr]
Ferkel (n)	derrkuc (m)	[dɛrkúts]
Kaninchen (n)	lepur (m)	[lépur]

| Huhn (n) | pulë (f) | [púlə] |
| Hahn (m) | gjel (m) | [ɟél] |

Ente (f)	rosë (f)	[rósə]
Enterich (m)	rosak (m)	[rosák]
Gans (f)	patë (f)	[pátə]

| Puter (m) | gjel deti i egër (m) | [ɟél déti i égər] |
| Pute (f) | gjel deti (m) | [ɟél déti] |

Haustiere (pl)	kafshë shtëpiake (f)	[káfʃə ʃtəpiákɛ]
zahm	i zbutur	[i zbútur]
zähmen (vt)	zbus	[zbus]
züchten (vt)	rrit	[rit]

Farm (f)	fermë (f)	[férmə]
Geflügel (n)	pulari (f)	[pularí]
Vieh (n)	bagëti (f)	[bagətí]
Herde (f)	kope (f)	[kopé]

Pferdestall (m)	stallë (f)	[stáɫə]
Schweinestall (m)	stallë e derrave (f)	[stáɫə ɛ déravɛ]
Kuhstall (m)	stallë e lopëve (f)	[stáɫə ɛ lópəvɛ]
Kaninchenstall (m)	kolibe lepujsh (f)	[kolíbɛ lépujʃ]
Hühnerstall (m)	kotec (m)	[kotéts]

138. Vögel

Vogel (m)	zog (m)	[zog]
Taube (f)	pëllumb (m)	[pəɫúmb]
Spatz (m)	harabel (m)	[harabél]
Meise (f)	xhixhimës (m)	[dʒidʒimës]
Elster (f)	laraskë (f)	[laráskə]
Rabe (m)	korb (m)	[korb]

Krähe (f)	sorrë (f)	[sórə]
Dohle (f)	galë (f)	[gálə]
Saatkrähe (f)	sorrë (f)	[sórə]
Ente (f)	rosë (f)	[rósə]
Gans (f)	patë (f)	[pátə]
Fasan (m)	fazan (m)	[fazán]
Adler (m)	shqiponjë (f)	[ʃcipóɲə]
Habicht (m)	gjeraqinë (f)	[ɟɛracínə]
Falke (m)	fajkua (f)	[fajkúa]
Greif (m)	hutë (f)	[hútə]
Kondor (m)	kondor (m)	[kondór]
Schwan (m)	mjellmë (f)	[mjéɫmə]
Kranich (m)	lejlek (m)	[lɛjlék]
Storch (m)	lejlek (m)	[lɛjlék]
Papagei (m)	papagall (m)	[papagáɫ]
Kolibri (m)	kolibri (m)	[kolíbri]
Pfau (m)	pallua (m)	[paɫúa]
Strauß (m)	struc (m)	[struts]
Reiher (m)	çafkë (f)	[tʃáfkə]
Flamingo (m)	flamingo (m)	[flamíŋo]
Pelikan (m)	pelikan (m)	[pɛlikán]
Nachtigall (f)	bilbil (m)	[bilbíl]
Schwalbe (f)	dallëndyshe (f)	[daɫəndýʃɛ]
Drossel (f)	mëllenjë (f)	[məɫéɲə]
Singdrossel (f)	grifsha (f)	[grífʃa]
Amsel (f)	mëllenjë (f)	[məɫéɲə]
Segler (m)	dallëndyshe (f)	[daɫəndýʃɛ]
Lerche (f)	thëllëzë (f)	[θəɫézə]
Wachtel (f)	trumcak (m)	[trumtsák]
Specht (m)	qukapik (m)	[cukapík]
Kuckuck (m)	kukuvajkë (f)	[kukuvájkə]
Eule (f)	buf (m)	[buf]
Uhu (m)	buf mbretëror (m)	[buf mbrɛtərór]
Auerhahn (m)	fazan i pyllit (m)	[fazán i pýɫit]
Birkhahn (m)	fazan i zi (m)	[fazán i zí]
Rebhuhn (n)	thëllëzë (f)	[θəɫézə]
Star (m)	gargull (m)	[gárguɫ]
Kanarienvogel (m)	kanarinë (f)	[kanarínə]
Haselhuhn (n)	fazan mali (m)	[fazán máli]
Buchfink (m)	trishtil (m)	[triʃtíl]
Gimpel (m)	trishtil dimri (m)	[triʃtíl dímri]
Möwe (f)	pulëbardhë (f)	[puləbárðə]
Albatros (m)	albatros (m)	[albatrós]
Pinguin (m)	penguin (m)	[pɛŋuín]

139. Fische. Meerestiere

Brachse (f)	krapuliq (m)	[krapulíc]
Karpfen (m)	krap (m)	[krap]
Barsch (m)	perç (m)	[pɛrtʃ]
Wels (m)	mustak (m)	[musták]
Hecht (m)	mlysh (m)	[mlýʃ]

| Lachs (m) | salmon (m) | [salmón] |
| Stör (m) | bli (m) | [blí] |

Hering (m)	harengë (f)	[haréŋə]
atlantische Lachs (m)	salmon Atlantiku (m)	[salmón atlantíku]
Makrele (f)	skumbri (m)	[skúmbri]
Scholle (f)	shojzë (f)	[ʃójzə]

Zander (m)	troftë (f)	[trófta]
Dorsch (m)	merluc (m)	[mɛrlúts]
Tunfisch (m)	tunë (f)	[túnə]
Forelle (f)	troftë (f)	[trófta]

Aal (m)	ngjalë (f)	[nɟálə]
Zitterrochen (m)	peshk elektrik (m)	[pɛʃk ɛlɛktrík]
Muräne (f)	ngjalë morel (f)	[nɟálə morél]
Piranha (m)	piranja (f)	[pirája]

Hai (m)	peshkaqen (m)	[pɛʃkacén]
Delfin (m)	delfin (m)	[dɛlfín]
Wal (m)	balenë (f)	[balénə]

Krabbe (f)	gaforre (f)	[gafórɛ]
Meduse (f)	kandil deti (m)	[kandíl déti]
Krake (m)	oktapod (m)	[oktapód]

Seestern (m)	yll deti (m)	[yɫ déti]
Seeigel (m)	iriq deti (m)	[iríc déti]
Seepferdchen (n)	kalë deti (m)	[kálə déti]

Auster (f)	midhje (f)	[míðjɛ]
Garnele (f)	karkalec (m)	[karkaléts]
Hummer (m)	karavidhe (f)	[karavíðɛ]
Languste (f)	karavidhe (f)	[karavíðɛ]

140. Amphibien Reptilien

| Schlange (f) | gjarpër (m) | [ɟárpər] |
| Gift-, giftig | helmues | [hɛlmúɛs] |

Viper (f)	nepërka (f)	[nɛpə́rka]
Kobra (f)	kobra (f)	[kóbra]
Python (m)	piton (m)	[pitón]
Boa (f)	boa (f)	[bóa]
Ringelnatter (f)	kular (m)	[kulár]

Klapperschlange (f)	gjarpër me zile (m)	[ɟárpər mɛ zílɛ]
Anakonda (f)	anakonda (f)	[anakónda]
Eidechse (f)	hardhucë (f)	[harðútsə]
Leguan (m)	iguana (f)	[iguána]
Waran (m)	varan (m)	[varán]
Salamander (m)	salamandër (f)	[salamándər]
Chamäleon (n)	kameleon (m)	[kamɛlɛón]
Skorpion (m)	akrep (m)	[akrép]
Schildkröte (f)	breshkë (f)	[bréʃkə]
Frosch (m)	bretkosë (f)	[brɛtkósə]
Kröte (f)	zhabë (f)	[ʒábə]
Krokodil (n)	krokodil (m)	[krokodíl]

141. Insekten

Insekt (n)	insekt (m)	[insékt]
Schmetterling (m)	flutur (f)	[flútur]
Ameise (f)	milingonë (f)	[miliŋónə]
Fliege (f)	mizë (f)	[mízə]
Mücke (f)	mushkonjë (f)	[muʃkóɲə]
Käfer (m)	brumbull (m)	[brúmbuɫ]
Wespe (f)	grerëz (f)	[grérəz]
Biene (f)	bletë (f)	[blétə]
Hummel (f)	greth (m)	[grɛθ]
Bremse (f)	zekth (m)	[zɛkθ]
Spinne (f)	merimangë (f)	[mɛrimáŋə]
Spinnennetz (n)	rrjetë merimange (f)	[rjétə mɛrimáŋɛ]
Libelle (f)	pilivesë (f)	[pilivésə]
Grashüpfer (m)	karkalec (m)	[karkaléts]
Schmetterling (m)	molë (f)	[mólə]
Schabe (f)	kacabu (f)	[katsabú]
Zecke (f)	rriqër (m)	[rítsər]
Floh (m)	plesht (m)	[plɛʃt]
Kriebelmücke (f)	mushicë (f)	[muʃítsə]
Heuschrecke (f)	gjinkallë (f)	[ɟinkáɫə]
Schnecke (f)	kërmill (m)	[kərmíɫ]
Heimchen (n)	bulkth (m)	[búlkθ]
Leuchtkäfer (m)	xixëllonjë (f)	[dzidzəɫóɲə]
Marienkäfer (m)	mollëkuqe (f)	[moɫəkútsɛ]
Maikäfer (m)	vizhë (f)	[víʒə]
Blutegel (m)	shushunjë (f)	[ʃuʃúɲə]
Raupe (f)	vemje (f)	[vémjɛ]
Wurm (m)	krimb toke (m)	[krímb tókɛ]
Larve (f)	larvë (f)	[lárvə]

Flora

142. Bäume

Deutsch	Albanisch	IPA
Baum (m)	pemë (f)	[pémə]
Laub-	gjethor	[ɟɛθór]
Nadel-	halor	[halór]
immergrün	përherë të gjelbra	[pərhérə tə ɟélbra]
Apfelbaum (m)	pemë molle (f)	[pémə móɫɛ]
Birnbaum (m)	pemë dardhe (f)	[pémə dárðɛ]
Süßkirschbaum (m)	pemë qershie (f)	[pémə cɛrʃíɛ]
Sauerkirschbaum (m)	pemë qershi vishnje (f)	[pémə cɛrʃí víʃɲɛ]
Pflaumenbaum (m)	pemë kumbulle (f)	[pémə kúmbuɫɛ]
Birke (f)	mështekna (f)	[məʃtékna]
Eiche (f)	lis (m)	[lis]
Linde (f)	bli (m)	[blí]
Espe (f)	plep i egër (m)	[plɛp i égər]
Ahorn (m)	panjë (f)	[páɲə]
Fichte (f)	bredh (m)	[brɛð]
Kiefer (f)	pishë (f)	[píʃə]
Lärche (f)	larsh (m)	[lárʃ]
Tanne (f)	bredh i bardhë (m)	[brɛð i bárðə]
Zeder (f)	kedër (m)	[kédər]
Pappel (f)	plep (m)	[plɛp]
Vogelbeerbaum (m)	vadhë (f)	[váðə]
Weide (f)	shelg (m)	[ʃɛlg]
Erle (f)	verr (m)	[vɛr]
Buche (f)	ah (m)	[ah]
Ulme (f)	elm (m)	[ɛlm]
Esche (f)	shelg (m)	[ʃɛlg]
Kastanie (f)	gështenjë (f)	[gəʃtéɲə]
Magnolie (f)	manjolia (f)	[maɲólia]
Palme (f)	palma (f)	[pálma]
Zypresse (f)	qiparis (m)	[ciparís]
Mangrovenbaum (m)	rizoforë (f)	[rizofórə]
Baobab (m)	baobab (m)	[baobáb]
Eukalyptus (m)	eukalipt (m)	[ɛukalípt]
Mammutbaum (m)	sekuojë (f)	[sɛkuójə]

143. Büsche

Deutsch	Albanisch	IPA
Strauch (m)	shkurre (f)	[ʃkúrɛ]
Gebüsch (n)	kaçube (f)	[katʃúbɛ]

| Weinstock (m) | hardhi (f) | [harði] |
| Weinberg (m) | vreshtë (f) | [vréʃtə] |

Himbeerstrauch (m)	mjedër (f)	[mjédər]
schwarze Johannisbeere (f)	kaliboba e zezë (f)	[kalibóba ɛ zézə]
rote Johannisbeere (f)	kaliboba e kuqe (f)	[kalibóba ɛ kúcɛ]
Stachelbeerstrauch (m)	shkurre kulumbrie (f)	[ʃkúrɛ kulumbríɛ]

Akazie (f)	akacie (f)	[akátsiɛ]
Berberitze (f)	krespinë (f)	[krɛspínə]
Jasmin (m)	jasemin (m)	[jasɛmín]

Wacholder (m)	dëllinjë (f)	[dəłíɲə]
Rosenstrauch (m)	trëndafil (m)	[trəndafíl]
Heckenrose (f)	trëndafil i egër (m)	[trəndafíl i égər]

144. Obst. Beeren

| Frucht (f) | frut (m) | [frut] |
| Früchte (pl) | fruta (pl) | [frúta] |

Apfel (m)	mollë (f)	[mółə]
Birne (f)	dardhë (f)	[dárðə]
Pflaume (f)	kumbull (f)	[kúmbuł]

Erdbeere (f)	luleshtrydhe (f)	[lulɛʃtrýðɛ]
Sauerkirsche (f)	qershi vishnje (f)	[cɛrʃí víʃɲɛ]
Süßkirsche (f)	qershi (f)	[cɛrʃí]
Weintrauben (pl)	rrush (m)	[ruʃ]

Himbeere (f)	mjedër (f)	[mjédər]
schwarze Johannisbeere (f)	kaliboba e zezë (f)	[kalibóba ɛ zézə]
rote Johannisbeere (f)	kaliboba e kuqe (f)	[kalibóba ɛ kúcɛ]
Stachelbeere (f)	kulumbri (f)	[kulumbrí]
Moosbeere (f)	boronica (f)	[boronítsa]

Apfelsine (f)	portokall (m)	[portokáł]
Mandarine (f)	mandarinë (f)	[mandarínə]
Ananas (f)	ananas (m)	[ananás]
Banane (f)	banane (f)	[banánɛ]
Dattel (f)	hurmë (f)	[húrmə]

Zitrone (f)	limon (m)	[limón]
Aprikose (f)	kajsi (f)	[kajsí]
Pfirsich (m)	pjeshkë (f)	[pjéʃkə]

| Kiwi (f) | kivi (m) | [kívi] |
| Grapefruit (f) | grejpfrut (m) | [grɛjpfrút] |

Beere (f)	manë (f)	[mánə]
Beeren (pl)	mana (f)	[mána]
Preiselbeere (f)	boronicë mirtile (f)	[boronítsə mirtílɛ]
Walderdbeere (f)	luleshtrydhe e egër (f)	[lulɛʃtrýðɛ ɛ égər]
Heidelbeere (f)	boronicë (f)	[boronítsə]

145. Blumen. Pflanzen

Blume (f)	lule (f)	[lúlɛ]
Blumenstrauß (m)	buqetë (f)	[bucétə]

Rose (f)	trëndafil (m)	[trəndafíl]
Tulpe (f)	tulipan (m)	[tulipán]
Nelke (f)	karafil (m)	[karafíl]
Gladiole (f)	gladiolë (f)	[gladiólə]

Kornblume (f)	lule misri (f)	[lúlɛ mísri]
Glockenblume (f)	lule këmborë (f)	[lúlɛ kəmbórə]
Löwenzahn (m)	luleradhiqe (f)	[lulɛraðícɛ]
Kamille (f)	kamomil (m)	[kamomíl]

Aloe (f)	aloe (f)	[alóɛ]
Kaktus (m)	kaktus (m)	[kaktús]
Gummibaum (m)	fikus (m)	[fíkus]

Lilie (f)	zambak (m)	[zambák]
Geranie (f)	barbarozë (f)	[barbarózə]
Hyazinthe (f)	zymbyl (m)	[zymbýl]

Mimose (f)	mimoza (f)	[mimóza]
Narzisse (f)	narcis (m)	[nartsís]
Kapuzinerkresse (f)	lule këmbore (f)	[lúlɛ kəmbórɛ]

Orchidee (f)	orkide (f)	[orkidé]
Pfingstrose (f)	bozhure (f)	[boʒúrɛ]
Veilchen (n)	vjollcë (f)	[vjóɫtsə]

Stiefmütterchen (n)	lule vjollca (f)	[lúlɛ vjóɫtsa]
Vergissmeinnicht (n)	mosmëharro (f)	[mosməharó]
Gänseblümchen (n)	margaritë (f)	[margarítə]

Mohn (m)	lulëkuqe (f)	[luləkúcɛ]
Hanf (m)	kërp (m)	[kérp]
Minze (f)	mendër (f)	[méndər]

Maiglöckchen (n)	zambak i fushës (m)	[zambák i fúʃəs]
Schneeglöckchen (n)	luleborë (f)	[lulɛbórə]

Brennnessel (f)	hithra (f)	[híθra]
Sauerampfer (m)	lëpjeta (f)	[ləpjéta]
Seerose (f)	zambak uji (m)	[zambák úji]
Farn (m)	fier (m)	[fíɛr]
Flechte (f)	likene (f)	[likénɛ]

Gewächshaus (n)	serrë (f)	[sérə]
Rasen (m)	lëndinë (f)	[ləndínə]
Blumenbeet (n)	kënd lulishteje (m)	[kənd lulíʃtɛjɛ]

Pflanze (f)	bimë (f)	[bímə]
Gras (n)	bar (m)	[bar]
Grashalm (m)	fije bari (f)	[fíjɛ bári]

Blatt (n)	gjeth (m)	[ɟεθ]
Blütenblatt (n)	petale (f)	[pεtálε]
Stiel (m)	bisht (m)	[biʃt]
Knolle (f)	zhardhok (m)	[ʒarðók]

| Jungpflanze (f) | filiz (m) | [filíz] |
| Dorn (m) | gjemb (m) | [ɟémb] |

blühen (vi)	lulëzoj	[luləzój]
welken (vi)	vyshket	[výʃkεt]
Geruch (m)	aromë (f)	[arómə]
abschneiden (vt)	pres lulet	[prεs lúlεt]
pflücken (vt)	mbledh lule	[mbléð lúlε]

146. Getreide, Körner

Getreide (n)	drithë (m)	[dríθə]
Getreidepflanzen (pl)	drithëra (pl)	[dríθəra]
Ähre (f)	kaush (m)	[kaúʃ]

Weizen (m)	grurë (f)	[grúrə]
Roggen (m)	thekër (f)	[θékər]
Hafer (m)	tërshërë (f)	[tərʃérə]
Hirse (f)	mel (m)	[mεl]
Gerste (f)	elb (m)	[εlb]

Mais (m)	misër (m)	[mísər]
Reis (m)	oriz (m)	[oríz]
Buchweizen (m)	hikërr (m)	[híkər]

Erbse (f)	bizele (f)	[bizélε]
weiße Bohne (f)	groshë (f)	[gróʃə]
Sojabohne (f)	sojë (f)	[sójə]
Linse (f)	thjerrëz (f)	[θjérəz]
Bohnen (pl)	fasule (f)	[fasúlε]

LÄNDER. NATIONALITÄTEN

147. Westeuropa

Europa (n)	Evropa (f)	[ɛvrópa]
Europäische Union (f)	Bashkimi Evropian (m)	[baʃkími ɛvropián]
Österreich	Austri (f)	[austrí]
Großbritannien	Britani e Madhe (f)	[brítani ɛ máðɛ]
England	Angli (f)	[aŋlí]
Belgien	Belgjikë (f)	[bɛʎíkə]
Deutschland	Gjermani (f)	[ɟɛrmaní]
Niederlande (f)	Holandë (f)	[holándə]
Holland (n)	Holandë (f)	[holándə]
Griechenland	Greqi (f)	[grɛcí]
Dänemark	Danimarkë (f)	[danimárkə]
Irland	Irlandë (f)	[irlándə]
Island	Islandë (f)	[islándə]
Spanien	Spanjë (f)	[spáɲə]
Italien	Itali (f)	[italí]
Zypern	Qipro (f)	[cípro]
Malta	Maltë (f)	[máltə]
Norwegen	Norvegji (f)	[norvɛɟí]
Portugal	Portugali (f)	[portugalí]
Finnland	Finlandë (f)	[finlándə]
Frankreich	Francë (f)	[frántsə]
Schweden	Suedi (f)	[suɛdí]
Schweiz (f)	Zvicër (f)	[zvítsər]
Schottland	Skoci (f)	[skotsí]
Vatikan (m)	Vatikan (m)	[vatikán]
Liechtenstein	Lichtenstein (m)	[litshtɛnstéin]
Luxemburg	Luksemburg (m)	[luksɛmbúrg]
Monaco	Monako (f)	[monáko]

148. Mittel- und Osteuropa

Albanien	Shqipëri (f)	[ʃcipərí]
Bulgarien	Bullgari (f)	[buɫgarí]
Ungarn	Hungari (f)	[huŋarí]
Lettland	Letoni (f)	[lɛtoní]
Litauen	Lituani (f)	[lituaní]
Polen	Poloni (f)	[poloní]

Rumänien	Rumani (f)	[rumaní]
Serbien	Serbi (f)	[sɛrbí]
Slowakei (f)	Sllovaki (f)	[słovakí]

Kroatien	Kroaci (f)	[kroatsí]
Tschechien	Republika Çeke (f)	[rɛpublíka tʃékɛ]
Estland	Estoni (f)	[ɛstoní]

Bosnien und Herzegowina	Bosnje Herzegovina (f)	[bósɲɛ hɛrzɛgovína]
Makedonien	Maqedonia (f)	[macɛdonía]
Slowenien	Sllovenia (f)	[słovɛnía]
Montenegro	Mali i Zi (m)	[máli i zí]

149. Frühere UdSSR Republiken

| Aserbaidschan | Azerbajxhan (m) | [azɛrbajdʒán] |
| Armenien | Armeni (f) | [armɛní] |

Weißrussland	Bjellorusi (f)	[bjɛłorusí]
Georgien	Gjeorgji (f)	[ɟɛorɟí]
Kasachstan	Kazakistan (m)	[kazakistán]
Kirgisien	Kirgistan (m)	[kirgistán]
Moldawien	Moldavi (f)	[moldaví]

| Russland | Rusi (f) | [rusí] |
| Ukraine (f) | Ukrainë (f) | [ukraínə] |

Tadschikistan	Taxhikistan (m)	[tadʒikistán]
Turkmenistan	Turkmenistan (m)	[turkmɛnistán]
Usbekistan	Uzbekistan (m)	[uzbɛkistán]

150. Asien

Asien	Azia (f)	[azía]
Vietnam	Vietnam (m)	[viɛtnám]
Indien	Indi (f)	[indí]
Israel	Izrael (m)	[izraél]

China	Kinë (f)	[kínə]
Libanon (m)	Liban (m)	[libán]
Mongolei (f)	Mongoli (f)	[moŋolí]

| Malaysia | Malajzi (f) | [malajzí] |
| Pakistan | Pakistan (m) | [pakistán] |

Saudi-Arabien	Arabia Saudite (f)	[arabía saudítɛ]
Thailand	Tajlandë (f)	[tajlándə]
Taiwan	Tajvan (m)	[tajván]
Türkei (f)	Turqi (f)	[turcí]
Japan	Japoni (f)	[japoní]
Afghanistan	Afganistan (m)	[afganistán]
Bangladesch	Bangladesh (m)	[baŋladéʃ]

| Indonesien | Indonezi (f) | [indonɛzí] |
| Jordanien | Jordani (f) | [jordaní] |

Irak	Irak (m)	[irak]
Iran	Iran (m)	[irán]
Kambodscha	Kamboxhia (f)	[kambódʒia]
Kuwait	Kuvajt (m)	[kuvájt]

Laos	Laos (m)	[láos]
Myanmar	Mianmar (m)	[mianmár]
Nepal	Nepal (m)	[nɛpál]
Vereinigten Arabischen Emirate	Emiratet e Bashkuara Arabe (pl)	[ɛmirátɛt ɛ baʃkúara arábɛ]

| Syrien | Siri (f) | [sirí] |
| Palästina | Palestinë (f) | [palɛstínə] |

| Südkorea | Korea e Jugut (f) | [koréa ɛ júgut] |
| Nordkorea | Korea e Veriut (f) | [koréa ɛ vériut] |

151. Nordamerika

Die Vereinigten Staaten	Shtetet e Bashkuara të Amerikës	[ʃtétɛt ɛ baʃkúara tə amɛríkəs]
Kanada	Kanada (f)	[kanadá]
Mexiko	Meksikë (f)	[mɛksíkə]

152. Mittel- und Südamerika

Argentinien	Argjentinë (f)	[arɟɛntínə]
Brasilien	Brazil (m)	[brazíl]
Kolumbien	Kolumbi (f)	[kolumbí]

| Kuba | Kuba (f) | [kúba] |
| Chile | Kili (m) | [kíli] |

| Bolivien | Bolivi (f) | [boliví] |
| Venezuela | Venezuelë (f) | [vɛnɛzuélə] |

| Paraguay | Paraguai (m) | [paraguái] |
| Peru | Peru (f) | [pɛrú] |

Suriname	Surinam (m)	[surinám]
Uruguay	Uruguai (m)	[uruguái]
Ecuador	Ekuador (m)	[ɛkuadór]

| Die Bahamas | Bahamas (m) | [bahámas] |
| Haiti | Haiti (m) | [haíti] |

Dominikanische Republik	Republika Dominikane (f)	[rɛpublíka dominikánɛ]
Panama	Panama (f)	[panamá]
Jamaika	Xhamajka (f)	[dʒamájka]

153. Afrika

Ägypten	Egjipt (m)	[ɛɟípt]
Marokko	Marok (m)	[marók]
Tunesien	Tunizi (f)	[tunizí]
Ghana	Gana (f)	[gána]
Sansibar	Zanzibar (m)	[zanzibár]
Kenia	Kenia (f)	[kénia]
Libyen	Libia (f)	[libía]
Madagaskar	Madagaskar (m)	[madagaskár]
Namibia	Namibia (f)	[namíbia]
Senegal	Senegal (m)	[sɛnɛgál]
Tansania	Tanzani (f)	[tanzaní]
Republik Südafrika	Afrika e Jugut (f)	[afríka ɛ júgut]

154. Australien. Ozeanien

Australien	Australia (f)	[australía]
Neuseeland	Zelandë e Re (f)	[zɛlándə ɛ ré]
Tasmanien	Tasmani (f)	[tasmaní]
Französisch-Polynesien	Polinezia Franceze (f)	[polinɛzía frantsézɛ]

155. Städte

Amsterdam	Amsterdam (m)	[amstɛrdám]
Ankara	Ankara (f)	[ankará]
Athen	Athinë (f)	[aθínə]
Bagdad	Bagdad (m)	[bagdád]
Bangkok	Bangkok (m)	[baŋkók]
Barcelona	Barcelonë (f)	[bartsɛlónə]
Beirut	Bejrut (m)	[bɛjrút]
Berlin	Berlin (m)	[bɛrlín]
Bombay	Mumbai (m)	[mumbái]
Bonn	Bon (m)	[bon]
Bordeaux	Bordo (f)	[bordó]
Bratislava	Bratislavë (f)	[bratislávə]
Brüssel	Bruksel (m)	[bruksél]
Budapest	Budapest (m)	[budapést]
Bukarest	Bukuresht (m)	[bukuréʃt]
Chicago	Çikago (f)	[tʃikágo]
Daressalam	Dar es Salam (m)	[dar ɛs salám]
Delhi	Delhi (f)	[délhi]
Den Haag	Hagë (f)	[hágə]
Dubai	Dubai (m)	[dubái]
Dublin	Dublin (m)	[dúblin]

Düsseldorf	Dyseldorf (m)	[dysɛldórf]
Florenz	Firence (f)	[firéntsɛ]
Frankfurt	Frankfurt (m)	[frankfúrt]
Genf	Gjenevë (f)	[ɟɛnévə]

Hamburg	Hamburg (m)	[hambúrg]
Hanoi	Hanoi (m)	[hanói]
Havanna	Havana (f)	[havána]
Helsinki	Helsinki (m)	[hɛlsínki]
Hiroshima	Hiroshimë (f)	[hiroʃímə]
Hongkong	Hong Kong (m)	[hoŋ kóŋ]
Istanbul	Stamboll (m)	[stambół]
Jerusalem	Jerusalem (m)	[jɛrusalém]

Kairo	Kajro (f)	[kájro]
Kalkutta	Kalkutë (f)	[kalkútə]
Kiew	Kiev (m)	[kíɛv]
Kopenhagen	Kopenhagen (m)	[kopɛnhágɛn]
Kuala Lumpur	Kuala Lumpur (m)	[kuála lumpúr]

Lissabon	Lisbonë (f)	[lisbónə]
London	Londër (f)	[lóndər]
Los Angeles	Los Anxhelos (m)	[lós andʒɛlós]
Lyon	Lion (m)	[lión]

Madrid	Madrid (m)	[madríd]
Marseille	Marsejë (f)	[marséjə]
Mexiko-Stadt	Meksiko Siti (m)	[méksiko síti]
Miami	Majami (m)	[majámi]
Montreal	Montreal (m)	[montrɛál]
Moskau	Moskë (f)	[móskə]
München	Munih (m)	[muníh]

Nairobi	Najrobi (m)	[najróbi]
Neapel	Napoli (m)	[nápoli]
New York	Nju Jork (m)	[ɲu jork]
Nizza	Nisë (m)	[nísə]
Oslo	oslo (f)	[óslo]
Ottawa	Otava (f)	[otáva]

Paris	Paris (m)	[parís]
Peking	Pekin (m)	[pɛkín]
Prag	Pragë (f)	[prágə]
Rio de Janeiro	Rio de Zhaneiro (m)	[río dɛ ʒanéiro]
Rom	Romë (f)	[rómə]

Sankt Petersburg	Shën Petersburg (m)	[ʃən pɛtɛrsbúrg]
Schanghai	Shangai (m)	[ʃaŋái]
Seoul	Seul (m)	[sɛúl]
Singapur	Singapor (m)	[siŋapór]
Stockholm	Stokholm (m)	[stokhólm]
Sydney	Sidney (m)	[sidnéy]

Taipeh	Taipei (m)	[taipéi]
Tokio	Tokio (f)	[tókio]
Toronto	Toronto (f)	[torónto]

Venedig	Venecia (f)	[vɛnétsia]
Warschau	Varshavë (f)	[varʃávə]
Washington	Uashington (m)	[vaʃiŋtón]
Wien	Vjenë (f)	[vjénə]

www.ingramcontent.com/pod-product-compliance
Lightning Source LLC
Chambersburg PA
CBHW070603050426
42450CB00011B/2972